本书受教育部哲学社会科学研究重大课题攻关项目『大中小一体化学生心理健康教育与服务体系研究』（编号：22JZD044）资助

儿童早期作弊行为发展与诚信教育

赵立 郑怡 李松泽 等著

ZHEJIANG UNIVERSITY PRESS
浙江大学出版社
·杭州·

图书在版编目（CIP）数据

儿童早期作弊行为发展与诚信教育 / 赵立等著. —
杭州：浙江大学出版社，2022.12
ISBN 978-7-308-23462-7

Ⅰ. ①儿… Ⅱ. ①赵… Ⅲ. ①儿童教育－品德教育
Ⅳ. ①G611

中国版本图书馆 CIP 数据核字（2022）第 253698 号

儿童早期作弊行为发展与诚信教育

赵　立　郑　怡　李松泽　等著

策划编辑	吴伟伟
责任编辑	宁　檬
责任校对	陈逸行
封面设计	周　灵
出版发行	浙江大学出版社
	（杭州市天目山路 148 号　邮政编码 310007）
	（网址：http://www.zjupress.com）
排　　版	杭州好友排版工作室
印　　刷	广东虎彩云印刷有限公司绍兴分公司
开　　本	710mm×1000mm　1/16
印　　张	12.5
字　　数	200 千
版 印 次	2022 年 12 月第 1 版　2022 年 12 月第 1 次印刷
书　　号	ISBN 978-7-308-23462-7
定　　价	68.00 元

浙江大学出版社市场运营中心联系方式：(0571) 88925591；http://zjdxcbs.tmall.com

序

　　作为一名长年深耕教育研究领域的工作者,我在第一次翻阅赵立教授即将出版的《儿童早期作弊行为发展与诚信教育》一书时,深感欣喜,因为这是一本创新之作,一本综合性强且极富实践指导价值之作。赵立教授及其团队站在科学和时代前沿,以立德树人为本,以诚信教育为基,以早期教育为先,运用近十年来针对数千名儿童的行为实验数据,上万名家长、教师的问卷调查数据和最新研究成果,围绕儿童作弊行为的早期发生和发展、影响因素和作用机制,提出了儿童早期诚信行为发展的理论框架和早期诚信教育的方法体系,对建设诚信社会具有指导意义。

　　该书最大的优势为:在研究中兼容了广泛的研究方法和实验范式。作者利用问卷调查、行为实验及功能磁共振成像技术等多种方法来收集数据,从自我报告到实际行为测量,从主观到客观,深入挖掘了儿童早期作弊行为发生、发展的原因和后果。研究方法的交叉使用,能够帮助人们更全面地了解本书所要研究的课题;不同方法的结果可相互验证,进而提高了实验结果的可重复性。

　　该书另一个突出的优点是,作者对目前可能影响儿童早期作弊行为的所有社会环境因素进行了全面且细致的梳理。具体来说,作者分别探究了口头承诺、"好孩子"声誉、"聪明的孩子"声誉、直接或替代性表扬/评价对儿童早期作弊行为的影响。基于各项研究结果，主张合理利用上述因素，加强对儿童作弊行为的干预，为儿童早期诚信行为的培育提供了新颖且宝贵的建议。值得一提的是，本书作者开创性地将目光聚焦在了物理环境线索可能对儿童早期作弊行为的影响上。依据研究结果，提出通过调整作弊对象的可及性、可见性等特征能够对儿童作弊行为产生一定的影响。由此启示我们，只需要对儿童所处环境进行一些简单的布置或改变，就能够有效减少乃至避免儿童早期作弊行为的发生。这是一个独特且至关重要的新视角，值得教育工作者与家长尝试。

总的来说，《儿童早期作弊行为发展与诚信教育》是一本极富价值且发人深省的著作。作者以简洁明了、通俗易懂的话语将团队的系列研究成果介绍给广大读者。与此同时，该书从儿童早期发展与教育的视角发出了中国声音，这对于推动国内乃至国际儿童道德发展领域相关理论和研究范式的创新，以及促进我国学前教育质量的提升，均具有重要的参考和借鉴价值。它既可以作为学术研究的参考图书和教学工作的辅助教材，又可以作为面向社会的科普读物。所有这一切，都是难能可贵的。因此，我愿将该书强烈推荐给任何对儿童早期发展与教育感兴趣的读者，希望你们与作者能够互相交流，探讨彼此感兴趣的问题。

是为序。

林崇德

2022 年 11 月 17 日

于北京师范大学

前　言

习近平总书记指出,"落实立德树人根本任务,培养德智体美劳全面发展的社会主义建设者和接班人",是全面建设社会主义现代化国家新征程的教育方针。育人的根本在于立德,立德的基础在于诚信教育,这是社会主义核心价值观培育儿童健康成长的基石。本书围绕儿童作弊行为的早期发生、发展及其影响因素等,运用近十年来针对数千名儿童的行为实验数据,上万名家长、教师的问卷调查数据和最新研究成果,以心理学、教育学、行为决策学及认知神经科学等多学科理论为指导,采用行为实验法和功能磁共振成像技术等交叉学科研究方法,探讨影响儿童早期作弊行为发展的个体心理、社会环境和物理环境因素及认知神经机制,并提出了科学和有针对性的儿童早期诚信教育方法。

儿童作弊行为是有损儿童心理健康、破坏学校教育公平,甚至危害社会道德体系的隐形杀手。多年来,各方为遏制作弊采取的措施从未停止,但却始终难见其效。更糟糕的是,笔者基于连续多年在数十所幼儿园中开展的实证研究发现,作弊行为在学龄前儿童中就已存在。这是一个相当危险的信号。基于道德滑坡理论(slippery slope theory)的观点,儿童一旦开始作弊,若不能及时得到有效的教育、引导与干预,其作弊倾向将更易持续甚至加剧。可见,对于作弊行为的干预需要"低龄化",更需要"科学化"。

因此,近年来,我们将研究目光聚焦于学龄前儿童,探索作弊行为在儿童早期的发生和发展,以及各种可能的影响因素,并基于这些研究成果撰写了本书。本书以儿童早期作弊行为发展与诚信教育为主线,分六章做了系统和全面的介绍,以期成为国内首部专门关注儿童早期诚信发展与教育的著作,满足当前儿童诚信教育的理论和实践需求。

第一章主要以 Hartshorne(哈茨霍恩)、May(梅)、Cizek(奇泽克)、Andermaw(安德曼)等人的开创性研究为时间线,综述了儿童作弊行为研究的历史和发展,并对该领域常用的研究方法和实验范式进行了详细介绍。

第二至五章主要介绍了笔者赵立及其团队[李康教授、傅根跃教授、Gail D. Heyman(盖尔·海曼)教授、郑怡博士等]的研究成果。

第二章主要阐述了口头承诺、声誉信息、表扬和间接言语评价等一系列社会环境因素对儿童早期作弊行为的影响，并阐明了如何利用微妙的言语信息对儿童早期作弊行为进行干预。

第三章主要阐述了可及性助推、可见性助推，以及设置道德边界等行为助推方法对儿童早期作弊行为的影响，并介绍了如何通过看似不起眼的物理环境改变达到减少儿童作弊行为、增加其诚信行为的目的。

第四章阐述了情绪信息对儿童早期作弊行为的影响，并阐明了如何巧妙利用情绪线索来塑造儿童的诚信行为。

第五章阐述了心理理论、执行功能、道德评价、反事实推理、冒险倾向、关于他人违规行为的信念等认知因素，以及智力、个性特质和问题行为等一系列个体因素对儿童早期作弊行为的影响，并基于丰富的研究成果提出了相应的教育对策和建议。

第六章以有关大龄儿童和成人欺骗行为的认知控制机制的研究成果为基础，对采用功能近红外光谱成像、功能磁共振成像等技术揭示儿童早期作弊行为的认知神经机制进行了深入探讨与展望。

本书的撰写初衷之一是将科研成果转化为可供实践借鉴的操作手册。由于书中所有研究涉及的样本均来自我国的学龄前儿童，因此，期望本书能为国内所有儿童教育工作者的德育教育工作提供理论和实践支持，也能为广大家长朋友的日常育儿提供些许帮助。

本书由本人课题组撰写完成。感谢参与各章撰写的课题组成员郑怡、李松泽、黄新新、杨鑫晨、柯诗琪、于心怡、薛佳寅、赵子文、路媛媛、严巍浩、彭俊杰、李莹莹及李雅心。与此同时，特别感谢北京师范大学资深教授林崇德先生于百忙之中为本书作序。最后，感谢浙江大学出版社吴伟伟主任和宁檬编辑在本书出版过程中给予的大力支持。

赵立

2022 年 11 月 2 日

于杭州师范大学

目 录

第一章

儿童作弊行为的研究背景及研究方法

第一节　研究背景

"车无辕而不行，人无信则不立。"诚信教育从古至今都是一个热门话题，也是一个关乎社会稳定的终身课题。但是，多年来诚信教育的成效似乎并不乐观。近年，我们的一系列实证研究发现，作弊行为在学生中依然十分普遍，甚至可以说非常猖獗。如在初中生中开展的一项现场实验表明，超过 50％的学生在考试中选择了作弊(Zhao et al.，2022)；而在大学生中开展的现场实验研究结果则更加令人心惊：超过 85％的学生在诚信考场中存在作弊行为(Zhao et al.，2021)。可见，如何减少作弊行为依然是一个棘手难题。最令人担心的是，在学龄前儿童中开展的一系列实证研究表明，作弊行为正逐渐趋于低龄化。在模拟的考试情境中，5 岁儿童的作弊率已稳定在 50％左右(Zhao et al.，2020，2021)。因此，诚信教育走入儿童早期教育课堂已迫在眉睫。本书将对儿童早期作弊行为的发展及教育干预研究进行介绍，旨在立足最新的研究成果，为诚信教育"从娃娃抓起"提供新的思路和建议。

一、儿童作弊行为研究的溯源

作弊(cheating),作为一种违规行为,常常发生在学业领域和考试情境中。它是指个体为获得成功、赢得某种利益或竞争优势而做出的有目的、违反既定规则的行为(Cizek,1999;Green,2004)。儿童作弊行为研究的历史最早可以追溯至1928年。受国际社会与宗教研究所(International Institute of Social and Religious Research)的委托,来自南加利福尼亚大学的Hartshorne(哈茨霍恩)和锡拉丘兹大学的May(梅)两位学者专门针对美国9岁至15岁中小学生的作弊行为及其影响因素开展了大范围和较为系统的实证研究。他们开发了一系列适用于研究中小学生作弊行为的实验范式,旨在通过行为观测来考察中小学生不同种类的作弊行为。当中有许多范式一直沿用至今,广受儿童道德行为及相关领域研究者的青睐,主要包括以下几种类型。

常用于研究考试/作业作弊的范式:自我批改范式和双重检验范式(比较儿童在"可作弊"情境和"不可作弊"情境中分别完成的两场测试的成绩)。在Hartshorne和May(1928)的研究中,这两个范式所采用的通常为IER(Insititute of Eductional Research,教育研究所)测试。①

常用于研究游戏作弊的范式:闭眼画圈任务和走迷宫任务。这两种测试

---

① IER测试是一种适用于所有小学生的测试,由国际教育研究所委托知名教育心理学家桑代克教授设计。它既可以用于测量儿童在某一特定学科的知识技能水平,也可以用于测量作弊行为。因为题目的设置确保了没有儿童可以在规定时间内获得满分,所以即使是最聪明的儿童,也有提高分数的空间,即允许所有儿童都有作弊空间。IER测试中包含4种测验材料,这4种材料都源于桑代克的智力水平测试,包括:(1)数学测试,共50道填空题;(2)句子完成测试,要求儿童补全55个句子;(3)信息测试,共28道常识题,为选择题;(4)词汇知识测试,共120道选择题,要求儿童根据所提供的案例词汇,找到对应的同义词。

范式在后续的研究中统称为不可能完成任务范式。

常用于研究体育竞技作弊的范式:测力器测试、肺活量测试、引体向上测试和立定跳远测试。通过比较儿童自行记录的分数和教师记录的分数,考察儿童是否存在作弊的可能性。该范式在施测时需确保场景高度接近真实的比赛场景,但无其他参赛选手在场,以避免社会抑制的影响。

常用于研究其他作弊的范式:速度测试范式。该范式通常与双重检验范式共同进行,儿童共有 3 次测试机会,前两次测试为练习阶段,实验者在场严格监督,儿童没有作弊的机会;最后一次为实验阶段,实验者借故离开,儿童自行打分。速度测试包括 6 种可供选择的不同测试材料:(1)简单加法测试,要求儿童在 1 分钟内快速进行一些加法运算,如 $3+8,4+5$ 等。(2)数字检查测试,要求儿童在 1 分钟内判断同一行的 2 个 6 位数字是否相同,如907328 与 907328。(3)寻找字母 A,呈现一长串乱序的英文字母,要求儿童在 1 分钟内尽可能多地找到字母 A 并标记出来。(4)数字符号替换测试,为儿童展示一些样例图形,每个图形里都写有一个代表数字,如三角形里写着1,正方形里写着 2。然后呈现一些无数字的空白图形,要求儿童于 1 分钟内在所有空白图形内填上相应的数字。(5)在小方块里画点,给儿童一张布满密密麻麻正方形格子的纸。要求儿童从第一个格子开始,从左向右,在 1 分钟内尽可能多地在格子里画点。(6)寻找数字 4,为儿童提供许多个 6 位数字。要求儿童在 1 分钟内判断所提供的 6 位数字中是否存在数字 4,如果存在 4,就画线把这个 6 位数字标记出来。

通过上述范式,Hartshorne 和 May(1928)对影响儿童作弊行为的因素进行了系统整理,并率先提出了一个迄今为止依然争论不休的议题:影响儿童作弊行为的究竟是个体因素还是情境因素？

在个体因素方面，Hartshorne 和 May（1928）发现，影响儿童作弊行为的不是儿童的性别、年龄和身体状况，而是其智力和情绪状况。具体来说，他们首先采用如上所述的不同作弊研究范式，对 5000 余名来自 16 所学校的 9 岁至 15 岁儿童进行了测试，发现在不同性别和年龄的儿童中，其作弊行为并没有明显的、稳定的差异。而在 9 岁至 16 岁儿童中进行的体育竞赛测试也发现，儿童身体状况的好坏并不影响其作弊行为。其后，Hartshorne 和 May（1928）又采用不同范式在 14 所学校对近 5000 名 9 岁至 16 岁儿童进行了测试，发现相较于智力发展水平较高的儿童，智力发展水平较低的儿童具有更强的作弊倾向；而存在情绪障碍的儿童的作弊率也高于无情绪障碍的儿童。

在情境因素方面，Hartshorne 和 May（1928）的研究发现，家庭文化因素、家庭生物因素、宗教信仰、教师和教学方法均是影响儿童作弊行为的重要因素。具体来说，同样通过大样本实证研究，他们发现，儿童家庭的文化因素与其作弊行为呈负相关关系（家庭文化水平越低的儿童越有可能出现作弊行为），且家中兄弟姐妹的作弊行为存在极高的相似性，这种作弊的高相似性可能源于其家庭生物因素的相似性。此外，教师态度和学校教学方法的先进性均与儿童作弊行为的发生率呈负相关关系（教师态度越认真，且对待学生越诚恳，学生的作弊率越低；相比传统学校，在有先进教学方法的学校，儿童在考试中的作弊率更低）。

总的来说，Hartshorne 和 May（1928）认为影响儿童作弊行为的最主要因素是情境因素，即作弊是一种受情境驱动而非个体特质驱动的行为。他们的研究成果为儿童作弊行为研究竖起了方向标，指引着更多研究者进入该领域探索,在当时的文化背景和研究技术水平下,其先进性和前瞻性不言而喻。即使是今日,Hartshorne 和 May(1928)的研究依然具有极大的参考价值和指导意义。

二、儿童作弊行为研究的发展

1999 年,Cizek(奇泽克)专门对学业作弊行为的影响因素进行了系统整理。事实上,对于 6 岁到 18 岁儿童而言,最常见的作弊行为当属学业作弊,主要包括考试作弊、作业作弊、论文剽窃等。学业作弊行为被定义为:学生为获得理想的学业成绩或排名而采取的秘密且有意破坏学业诚信准则的行为。

Cizek(1999)认为,所有的测试都可以通过某种方法进行作弊,对于如何"观测"作弊行为,他比较推崇的是观察法和行为实验法。通过对 1999 年以前的文献进行梳理,他发现,在当时学业作弊行为就已经非常猖獗。

Cizek(1999)发现,Brandes(布兰德斯)于 1986 年曾在 45 所小学的六年级学生中开展了一项问卷调查,发现 38.6% 的儿童承认其在考试期间抄袭过别人的试卷;10.0% 的儿童承认自己在考试中多次使用了小抄、笔记等来作弊。而当儿童被问及身边的同学有没有在考试中作弊时,85.8% 的儿童表示至少一次看见过其他同学作弊。Evans 和 Craig(1990)曾对七年级和八年级的 158 名儿童进行调查,询问他们对于作弊行为的看法。其中 65% 的儿童表示作弊在他们学校是一个"严重的问题"。

此外,Cizek(1999)还对采用实验法所进行的考试作弊的相关研究进行了梳理。例如,早在 1978 年,Houser(1978)曾在四、五、六年级的 586 名儿童(297 名女生和 289 名男生)中开展了一项现场实验。在实验中,儿童需要阅读一个故事,并根据故事回答 7 个测试问题。在教师离开教室后,儿童根据附在试卷后的答案进行自我评分(事实上,这 7 个问题均没有正确答案,儿童只有通过抄袭答案才能正确作答)。结果发现,超过 50% 的儿童都选择了作弊。而 1967 年,Feldman(费尔德曼)等人曾对 81 名初中一年级学生作弊的频率进行了实证研究。研究模拟了一场真实的考试情景,采用自我批改范式考察儿童的考试作弊行为发生率。具体来说,所有儿童需完成并提交一份社会课程试卷,在考试结束后,实验者会先在名单上记录下儿童的测试分数,但不在试卷上做任何记号。而后将试卷发还给儿童,请其根据黑板上的答案为自己的测试自行打分。打分过程中教师借故离开教室,为儿童提供可以作弊的条件。结果发现,在这些学生中,作弊率也达到了 30%。

为了破解"作弊"这一教育难题,Cizek(1999)基于当时的研究背景,对影响儿童学业作弊行为的因素进行了系统综述。正如前文所说,Hartshorne 和 May(1928)认为作弊是情境性的,或者说儿童的作弊行为主要受情境因素的影响。但 Cizek 认为,个体因素同样会影响儿童的学业作弊行为。在 Hartshorne 和 May(1928)的研究中,并未发现性别和年龄对儿童作弊行为(包括学业作弊行为)存在任何影响。但 Cizek(1999)发现,这两个因素对作弊行为的影响可能是发展性的。

具体说来,在小学阶段,性别与学业作弊行为并无显著相关。但随着年龄的增长,性别与作弊的关联性便日益凸显出来。Cizek(1999)通过文献综述发现,在大多数报告了性别差异的研究中,其研究对象均为高中生,且发现男生的作弊率显著高于女生。而在针对小学生学业作弊行为的研究中,其结果大多与 Hartshorne 和 May(1928)相同,即不存在显著的性别效应。

不同于 Hartshorne 和 May(1928)关注年龄因素,Cizek(1999)提出了探

寻学龄对儿童学业作弊行为的影响。这是因为年龄主要与儿童的生理发育相关联,而学龄则与儿童社会化程度、学习经验、受教育水平等方面的发展相关联。因此,较之年龄,学龄可能更适合作为研究学业作弊行为的变量。Cizek(1999)综合以往研究后发现,高年级学生的作弊率高于低年级学生的作弊率,这种正相关关系将一直持续到高中阶段,即学生的学业作弊率在高中达到了顶峰。而在大学阶段,学生的学业作弊率会趋于稳定甚至下降。

Cizek(1999)还发现,已有大量研究证实了儿童的学业成绩与学业作弊行为之间的关系:成绩越差的儿童作弊的可能性越大。事实上,笔者近期的一项研究也发现了儿童学业成绩与学业作弊行为的负相关关系。这项针对2000余名小学生进行的关于考试作弊行为的问卷调查表明,学业成绩是对儿童考试作弊行为预测效应最强的因素之一。

此外,与 Hartshorne 和 May(1928)的观点一致,Cizek(1999)也强调了情境因素(尤其是学校因素)对儿童学业作弊行为的影响。例如,他引用了Knowlton 和 Hamerlynck(1967)的一项调查研究结果作为依据。在该研究中,根据学生对导致其经常作弊的最主要因素的选择结果,研究者发现,影响学业作弊的情境因素,根据其对作弊的影响从大到小排列,依次为:教师的教学能力,考试环境,考试类型及特征(包括班级的大小、考场的监考或监督力度等)。

Cizek(1999)还整理罗列了一系列减少学业作弊行为的措施。例如,针对考试作弊,Hollinger(霍林格)和 Lanza-Kaduce(兰扎-卡杜塞)制定的一系列预防策略中,有一些可行性高且效果较好的措施:打乱考试座位顺序,在小教室内考试,安排多名监考教师,在考生间留出一个空座位,在考前提供知识范围（即为学生提供通过努力取得好成绩的方法），多使用论述题等开放答案的题型等。事实上，这些方法至今仍在沿用，但通常只能在表面上减少作弊行为的发生。为此，Cizek(1999)还提出通过制定制度等方法从根本上对作弊行为进行纠正。因为一项对 77 所小学和 72 所中学的调研结果发现，当时有且仅有极少一部分学校有与作弊相关的政策(Brandes,1986)，可见完善各级学校的监管政策和制度是可行且迫切的选择。

总体而言，Cizek(1999)第一次对学业作弊的概念、影响因素和干预措施进行了系统梳理，进一步为学业诚信和作弊研究提供了理论上的借鉴和方法上的指导。他提出，当时的研究仍有许多不足，如统计方法的局限等。但随着研究的发展和技术的进步，这些问题都将迎刃而解。

三、儿童作弊行为研究的心理学视角

由前文可知，对儿童作弊行为的研究早期较少涉及心理学领域的知识。但随着时间的推移，越来越多的研究者开始考察导致儿童做出作弊行为的潜在心理因素。于是，2007 年，Anderman(安德曼)和 Murdock(默多克)从心理学视角出发，对影响学业作弊行为的个体因素与情境因素重新进行了梳理。

首先，Anderman 和 Murdock(2007)对学生为什么会参与学业作弊进行了解读。他们认为，学业作弊可能源于学生对于高分的渴望，也可能源于其对不公平的"反抗"。因此，在教育环境中存在两种参与：一种是道德参与，包括正义感、道德行为和对人际环境的反应等。当学生感知到不公平时(如来自教师的歧视或学校制度不合理)，道德参与就会被激活，此时学生将基于一种对于世界应该如何运转的伦理视角，使用个人标准来规范其人际行为(如通过作弊来"反抗"教师的歧视或学校的不公平制度)。这意味着作弊并不会

给学生带来过多的道德负担。另一种则是学术参与,即个人的成就目标取向。那些仅仅为了在考试中获得高分而作弊的学生,可能很少考虑其行为对于社会的影响,而是把注意力更多地集中于自己内心的斗争,以及如何让自己看起来更有能力。因此,学生将根据自己的成就目标来制定取得特定成绩的计划,而并不关心自己的行为会对他人产生何种影响。此时,作弊反而会使得其陷入一种自我道德的"两难"局面。

Anderman 和 Murdock(2007)认为决定作弊和导致学生做出这种决定的原因都是复杂的,其中可能掺杂着各种各样的个体因素和情境因素。他们从动机出发,将学生学业作弊的动机分为个体性动机和情境性动机。

个体性动机包括学生的表现目标取向(performance goal orientation)、道德水平及生理发展水平等。学生的表现目标取向与其学业作弊行为呈正相关关系。表现目标取向是成就目标取向的一种,指学生相较于在任务中获得能力的提升,更希望能够在任务中表现得更好(Bandura,1982)。Anderman 和 Murdock(2007)指出,学生的兴趣(包括对学业和课程内容的兴趣)是降低其学业作弊倾向的一个重要因素。而对于那些比起学习过程,更看重学习成绩的学生而言,作弊就成了一道其更想要跨越的"龙门",是一种帮助其实现自身目标取向的途径。

另外,学生的道德水平和生理发展水平与其学业作弊行为呈负相关关系。其中,道德水平越高的学生作弊倾向越低,这几乎是一种公认的关系。然而,Anderman 和 Murdock(2007)发现,在当时的学校氛围中,教师通常与学生谈论学业投入、竞争、学业知识等,很少甚至回避谈论学生对诚信道德含义的理解。在前文中提到,对 2000 余名小学生进行有关考试作弊行为的问卷调查时发现,即使是在现今的教育体系中,儿童对作弊的可接受程度依然是对其学业作弊行为预测效应最强的因素。

正如上文所述,生理发展水平主要以年龄为衡量指标。Anderman 和 Murdock(2007)整理了以往的研究,发现了与 Cizek(1999)相似的年龄效应,即从小学到高中,学生的学业作弊行为呈增长态势;而在大学生中,学业作弊率则有所下降。Franklin-Stokes 和 Newstead(1995)认为,这种年龄效应反映了不同年龄段的学生有不同的教育目标。随着年级的提高,所学知识内容会变得越来越难,学业竞争也会越来越激烈,从而导致了更多的学业作弊行为。但随着年龄的增长,学生可能会逐渐形成自己的成就目标取向,行为会逐渐固化,更不容易受到周围环境的影响,因此对学生作弊行为的干预越早越好。此外,Anderman 和 Murdock(2007)还发现,低年级学生的作弊行为一般仅限于抄袭同学,但随着年级的增加,学生所采用的作弊手段或方式变得更为多样化。

情境性动机包含学校和班级的氛围、同伴作弊行为,以及其他与教师和班级等有关的因素。事实上,学生的个人成就目标主要来源于其所在班级和学校所强调的目标(Ames & Archer,1988;Anderman et al.,2001)。也就是说,如果学校过度强调竞争或不惜一切代价取得成功,那么就可能会强化学生的表现目标取向,进而导致较高的学业作弊率。此外,教师的技能水平和公平性等也会影响学生的学业作弊率。Anderman 和 Murdock(2007)发现,当教师在课堂上经常提及竞争和能力差异时,学生更加倾向于认为作弊是一种合理的行为。

同伴作弊行为多年来一直是实证研究关注的重点。Anderman 和

Murdock(2007)发现,如果学业作弊在一所学校中是一种常态化行为,那么学生可能会把作弊内化为一种可接受的行为,进而增加其参与学业作弊的概率。另外,当学生发现周围同伴出现了作弊行为时,可能会产生"不公平感",从而更倾向于作弊。不仅如此,笔者通过对 1941 年至 2021 年公开发表的相关研究进行元分析后发现,同伴作弊行为是影响学生学业作弊的关键因素之一($r=0.37$,95% $CI=[0.35,0.39]$),并将其称为"同伴作弊效应"(peer cheating effect)。研究还发现,该效应受学生所处的社会文化环境影响,例如,较之个体主义文化背景,这种效应在集体主义文化背景下更强。我国具有比较典型的集体主义文化背景,因此更应警惕和纠正学生因同伴作弊而作弊的行为。也正因为这种文化背景,对学生学业道德的正确引导也更容易形成同伴间的正面影响,从而提升学生对作弊是不道德行为的认同感,从集体层面降低作弊行为的发生率(Zhao et al.,2022)。

Anderman 和 Murdock(2007)还关注了环境因素,提出学生所处的环境(这里主要指物理环境)的特点也可能会对其学业作弊行为产生影响。比如,考生在教室的座位。有研究发现,坐在学习伙伴(study partner)的附近更容易作弊,而被抓可能性很可能在其中发挥着中介作用(Houston,1986)。事实上,环境因素是一个与作弊息息相关的因素。笔者通过几项研究,专门探讨了物理环境因素与儿童作弊行为之间的关系,这一部分内容将在第三章中展开介绍。

不难看出,对个体因素的研究不可避免地会与某些情境因素交织在一起。正如 Anderman 和 Murdock(2007)所指出的那样,学生参与学业作弊的决定过程是复杂的,掺杂着不同的个体因素和情境因素。我们很难脱离情境因素只谈个体因素,也很难脱离个体因素只谈情境因素。

四、作弊行为的动机模型

事实上,基于对各种影响学生作弊行为因素的归纳,Whitley(1998)以及 Murdock 和 Anderman(2006)先后提出了两种学业作弊动机模型。时至今日,这两种动机模型依然是作弊行为研究领域影响力最大且应用最广的理论模型。

早在 1998 年,Whitley(惠特利)就以理性行动理论(reasoned action theory)为基础提出了学业作弊动机模型。该模型罗列了一系列可能影响学生学业作弊行为的直接因素和间接因素,除了道德判断及成就动机等与个人息息相关的个体特质方面的因素外,还包括同伴作弊行为、作弊风险、成绩竞争和成绩压力、学习质量等与学校有关的因素。与家庭相关的因素由于影响力较弱,并未被纳入该模型中。基于这些因素,Whitley(1998)将学生作弊的动机归纳为三类(见图 1-1):(1)对与作弊行为相关的社会规范或道德义务所持的态度;(2)作弊所能带来的预期收益;(3)对作弊后被抓可能性的感知。

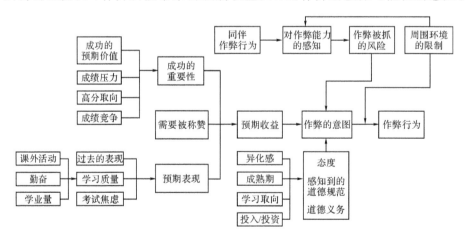

图 1-1　Whitley 的学业作弊动机模型

而后 Murdock 和 Anderman(2006)在该模型的基础上,整合了以大中学生为主要研究对象的研究成果,从"作弊的代价""作弊的目的""作弊前对自我和结果的认知(我能做到吗)"三个方面对学业作弊动机进行了划分。其中,"作弊的代价"主要包括作弊被抓可能带来的后果、个体道德水平、同伴作弊的后果、关于诚信的规章制度等;"作弊的目的"包括同伴压力、智力、课堂氛围等;"作弊前对自我和结果的认知"则主要为个体的自我效能及对结果的预期(见图 1-2)。在该模型中,家庭因素依然不是导致作弊的主要因素。可见,与 Whitley (1998)相同,Murdock 和 Anderman (2006)也主张个体因素和学校因素是对学生学业作弊行为最具影响力的两大类因素。

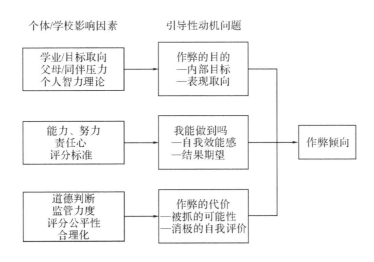

图 1-2　Murdock 和 Anderman 的学业作弊动机模型

值得注意的是,近期对儿童作弊行为的研究开始向更早期的发展阶段延伸。例如,已有研究结果表明,3 岁儿童已经会在有奖励的游戏中作弊,5 岁儿童会在没有奖励的数数测试中作弊。不同于前文中提及的众多研究,更年幼的儿童有其独特的发展特点,因此也存在一些特有的影响因素,认知发展水平就是其中之一。

研究表明,儿童早期的作弊行为与其认知发展水平息息相关。例如,抵制诱惑被认为是儿童能够保持诚信(不作弊)的重要能力特质,而抵制诱惑需要执行功能(executive function)等认知能力的参与(Ding et al.,2014)。执行功能是指在有意识控制下参与目标导向行为的高级心理过程。如果执行功能发展水平不高,那么就意味着儿童可能无法成功抵制诱惑(Zelazo,Carlso,Kesek,2008)。这种情况下的作弊行为与我们前文所罗列的任何因素都无关,而只能被视为个体认知发展局限性所导致的行为偏差。

笔者也对年龄与学龄前儿童作弊行为的关系进行了梳理。结果发现,在学龄前儿童中,年龄对作弊行为的影响与儿童作弊目的有关。个体做出不诚信行为的目的通常有两种:一种是获得实际收益,如学术诈欺、偷税漏税等;另一种则是维护自我形象,如为了表现得好而在完成不记录成绩的作业时抄袭等。个体不诚信行为的发生过程受认知控制的影响,而这种影响是正面的还是负面的,则由作弊的目的来决定(Speer,Smidts,Boksem,2022)。其中,当作弊的目的是获得物质收益时,个体需要投入更多认知资源来督促自己保持诚信(Mead et al.,2009;Shalvi,Eldar,Bereby-Meyer,2012),这是一个消耗认知资源保持诚信的过程。丁晓攀等的研究也发现,在有奖励的游戏中,大龄儿童的作弊率显著低于小龄儿童。这说明大龄儿童相较于小龄儿童,在诚实行为与不诚实行为的转换上,似乎有更多的认知优势。但是,当作弊的目的是维护自我形象时,个体需要投入更多认知资源才能"变得"不诚信(Speer,Smidts,Boksem,2022)。所以在此类任务中,大龄儿童的认知优势可能导致其更容易"变得"不诚信。

　　而正如前文所述,对于作弊行为的干预需要趁早,儿童一旦形成了固定的成就目标取向,对其进行行为矫正必将变得更加困难。因此,我们逐渐将目光转向了小学甚至学龄前儿童群体。经过长达数十年的科学研究,笔者以心理学、教育学、行为决策学及认知神经科学等多学科理论为指导,采用行为实验法和功能磁共振成像技术等交叉学科研究方法,累计获得了数千名儿童的行为实验数据和上万名家长、教师的问卷调查数据,多方面探讨了各种可能影响儿童早期作弊行为发生和发展的因素。在本书中,我们将对这些因素一一进行介绍,其中包括:声誉信息、表扬、间接性言语评价、承诺等社会情境因素,物理环境因素,以及情绪因素。此外,在最后一章中,我们还将探讨认知神经科学技术在儿童作弊行为研究领域的应用前景。此外,本书依据所有科研成果,提出了一系列科学的和有针对性的儿童早期诚信教育方法,供广大教育工作者和家长参考和借鉴。

第二节　研究方法与范式

　　随着儿童作弊行为研究的不断发展和丰富,可供研究者选择的研究方法也日益多元化和科学化。其中,最常见的研究方法当属观察法、问卷调查法和行为实验法。本节将对这几种主要研究方法进行概述,并对实验法中几种较为常见的实验范式进行梳理。

一、观察法

　　观察法是早期研究儿童作弊行为的主要方法之一,指有目的、有计划地对某一事物进行全面、深入、细致的观察，从而揭示这种事物本质和规律的一种方法（林崇德，2019）。早在1964年，就有研究者在真实的课堂考试环境中运用该方法。他们请了几名熟悉班级所有同学的学生担任观察者，观察者分别坐在教室的各个区域，在不被其他同学察觉的情况下记录考试期间教室内发生的作弊行为，如使用小抄、交流答案等（Hetherington & Feldman，1964）。此后相当长一段时间内，观察法都是早期研究者探索儿童作弊行为发展及其影响因素的重要手段。通过这种方法，各国学者先后发现道德水平（Schwartz et al.，1969）、父母特点（Dien，1974）、学业成绩（Nowell & Laufer，1997）等均为影响儿童作弊行为的重要和关键因素。

历经多年实践，观察法的优缺点也非常明显。由于观察法通常是观察者对被观察者日常真实行为的观测，因此具有较高的生态意义和外部效度，这是观察法独具的优势。但是，该方法也具有明显的局限性。首先，由于观察法的数据编码通常来自观察者对被观察者外部言行的主观判断，这些结果与被观察者真实的心理活动可能存在一定的差异，即具有一定的表面性和主观性。其次，观察过程相对不可控，容易受到其他突发状况的干扰。因此，观察法主要在早期研究中较受欢迎，随着研究方法的逐渐多样化，目前已少有研究仅通过观察法对儿童作弊行为进行探索。

二、问卷调查法

问卷调查法（以下简称问卷法）是指将研究目的通过科学的方法拟成一些简明易答的问题，通过分发纸质或线上问卷进行数据收集，然后对回收的问卷进行统计处理或文字总结，以解决问题的方法（林崇德，2019）。近年，笔者对上万篇有关作弊的文献进行了整理，从中找到了264篇实证研究，这些研究发表于 1940 年至 2020 年间。对这 264 篇文献梳理后发现,其中约 83.3% 的研究均采用了问卷法。可见,迄今为止,问卷法依然是该领域采用得最多且最广泛的研究方法。

问卷法的优势在于其有一定的便利性。一方面,问卷的收集灵活性较大,问卷可在线下批量发放,也可在线上(如问卷星等网站)通过链接投放,这意味着研究者能在短时间内收集大量的目标数据,可用于大样本研究;另一方面,标准化程度较高,问卷题目经过严格的设计,与研究目的高度相关,避免了研究的盲目性和主观性,能对各群体进行标准化比较。此外,相较于观察法这一定性研究方法,问卷法作为定量研究方法,还具有数据结果易量化、易分析、易统计等优点。

但是,问卷法对被调查者的文化水平有一定的要求。问卷法往往需要被调查者采用自我报告的方式填写或回答问题,这需要被调查者能理解问卷题目并具有一定的自我评价能力。因此,对于处于较低发展阶段、认知水平有限的儿童(如低龄儿童)而言,其可能会因文字理解能力和语言表达能力的限制而无法独立完成。此外,社会称许性是问卷法被诟病已久的缺点之一。尤其是在回答"是否作过弊"这类较敏感的问题时,即便研究者强调了问卷的匿名性,研究结果依然可能存在偏差,即个体自我报告的作弊率远低于真实的作弊率(Whitley,1998)。

因此,越来越多的研究者开始探索将问卷法和其他研究方法(特别是实验法,详见下文)结合使用。值得一提的是,随着信息技术的发展,近年来机器学习(machine learning)法等兴起于人工智能领域的数据分析方法,正逐渐走进人文哲学社会科学研究的视野。这些方法为数据的深度挖掘提供了新的思路和技术。以机器学习法为例,该方法依赖于计算机程序式算法,通过数据分析和模型构建实现对人类行为的模拟。机器学习法相较于传统的逻辑回归等统计方法,不仅能够描述变量间的非线性关系,构建行为预测模型,而且能够量化各个自变量在模型中的相对重要性,即能够对影响因变量的各自变量进行重要性排序。但机器学习法需要大数据的支撑,而问卷法恰好能够满足机器学习对数据量的需求,因此,机器学习或许能为问卷调查研究带来新的思路。

笔者将这两种方法结合来研究儿童的作弊行为。首先,依托前人的理论基础,设计了一份关于"小学生考试作弊行为影响因素"的问卷,并在二至六年级的小学生中开展调查,最终回收了 2098 份有效问卷。随后,采用机器学习法对这些数据进行了分析,最终构建了一个预测准确率达到 81.43% 的小学生考试作弊行为预测模型,同时发现了小学生自身对作弊的可接受性是影响其作弊行为的最关键因素。相反,小学生对作弊后果严重性的感知对作弊行为的影响并不大。可见,"棍棒教育"在小学生诚信教育中可能并不奏效。研究证明了机器学习法在挖掘问卷调查数据(甚至是发展性数据)上的可行性和科学性。

三、行为实验法

虽然机器学习法等新的统计方法能够提高问卷法的数据价值,但问卷法在数据收集过程中的缺陷(如社会称许性等)依然存在。为了解决这一问题,许多学者在早期就开始尝试采用行为实验法(以下简称实验法)对个体(尤其是儿童)的作弊行为展开研究。其中,针对儿童作弊行为的实验研究最早可追溯到 Hartshorne 和 May(1928)的一系列经典现场实验研究。

相较于观察法和问卷法,实验法具有明显的优势。首先,它可以揭示变量间较为纯粹的因果关系。通过对实验情境和实验条件的严格操纵,研究者可以在特别创设的环境中进行实验,从而减少无关变量的影响,实现对变量间因果关系的探索。其次,实验法的结果通常容易编码,且便于统计分析。但由于对变量的严格控制,实验法也存在生态效度较低的问题。

目前,实验法已成为研究儿童作弊行为最常用的研究方法。自Hartshorne 和 May(1928)创设一系列行为实验范式至今的近百年间,涌现出了许多经典的实验范式。Hartshorne 和 May(1928),以及 Cizek(1999)分别对当时比较常用的作弊行为研究的实验范式进行了综述。此后,基于不同的实验目的,研究者在研究过程中对这些范式进行了或多或少的改良,甚至创造了一些新的实验范式。下面,笔者将对当前国际上较为常用或较具特色的儿童作弊行为的实验研究范式一一进行概述。这些范式包括:抵制诱惑范式、数数测试范式、不可能完成任务范式以及自我批改范式。

（一）抵制诱惑范式

抵制诱惑范式(temptation resistance paradigm)是国内外研究儿童作弊行为最常用且最经典的实验范式之一。该范式最早出现于 Lewis(路易斯)等人在 1989 年针对儿童作弊行为所做的实验研究中。在该实验中,实验者首先请儿童背对自己坐在一张椅子上,随后拿出一个玩具摆放在儿童身后的桌子上,并告知儿童不可偷看玩具,当其再次返回教室后方可玩这个玩具。此后,实验者便离开教室,并通过单向玻璃观察和记录儿童的行为。结果发现,超过 80% 的儿童出现了作弊行为(转过头偷看玩具)。自 Lewis 等人的研究之后,基于不同研究对象和不同研究目的,该范式在其他研究中逐渐发展出了许多变式。其中,较常见的变式是偷看(peeking)范式,主要包括猜声音游戏和猜纸牌游戏等。接下来,笔者将以这两个游戏为例,简单介绍偷看范式的一般流程。

在猜声音游戏中,实验者请儿童背对自己坐在一张椅子上,随后拿出一个动物玩偶摆放在儿童身后的桌子上,并告知儿童不可擅自转过身、偷看玩偶(见图1-3)。随后,通过特定的设备(如手机)来播放与动物玩偶相关的声音。儿童需要根据声音猜测身后的动物玩偶是什么。在儿童给出答案后,实验者请儿童转过身来,看桌子上的动物玩偶是否与其猜测一致。游戏通常共有3轮,如果儿童3轮都猜对,就能获得成功(在有奖励的情况下,可以获得一份精美的礼品)。在前2轮中放置的玩偶为生活中非常常见的动物,故所有儿童都能回答正确。而最后一轮游戏中,实验者播放的声音与桌子上的动物玩偶没有任何关系,儿童并不能通过经验判断出是什么动物的声音,只有通过作弊才能获得正确答案。在播放完这一轮的声音后,实验者会借故离开教室一段时间,从而为儿童提供作弊的机会。实验者离开前,会再次告知儿童自己不在时不能转过身看动物玩偶。实验者离开后,儿童的所有行为都会由事先安装在房间角落的摄像机记录下来。实验结束后,实验者根据视频来判断儿童是否做出

图1-3　猜声音游戏示例

了作弊行为并对其进行编码。

在猜纸牌游戏中,实验者和儿童面对面坐在一张桌子前,两人之间放置着一块挡板(见图1-4)。实验者每次拿出一张纸牌放在靠近自己一侧的桌面上。由于挡板的存在,坐在座位上的儿童并不能直接看见桌面上的纸牌,而他的任务就是猜测每张纸牌上的数字是大于 6 还是小于 6。常见的猜纸牌范式通常会设置 6 轮游戏。在游戏开始前,实验者告知儿童,他一共要猜 6 次,只要猜对 3 次及以上,就能获得成功(在有奖励的情况下,儿童可以获得一份精美的礼品)。与此同时,实验者还告知儿童,在自己猜出来之前,不能擅自偷看挡板另一侧的纸牌。猜完以后,实验者允许儿童起身看纸牌,以确认自己是否猜对。需要说明的是,实验中采用的纸牌是人工制作的,一面为大于 6 的数字,一面为小于 6 的数字(所有纸牌上的数字均为 2 至 9 之间的任意数字,但不包括数字 6)。实验者通过在挡板的另一侧翻转双面牌来控制答案,使得儿童在前 5 轮中猜对 2 次、猜错 3 次,从而使最后一轮(第六轮)成为决定其是否能成功的关键轮次。最后一轮游戏中,实验者在放好纸牌后,便借故离开房间一分钟,从而为儿童提供了偷看纸牌的机会。实验者离开前,会再次告知儿童自己不在时其不能起身看纸牌。与猜声音范式相似,实验者离开后,儿童的作弊行为会由事先安装在房间角落的摄像机记录下来

图1-4 猜纸牌游戏示例

并在实验结束后由实验者根据视频进行编码。

（二）数数测试范式

近年来，为了探索学业作弊行为在儿童期最早何时发生这一问题，笔者设计开发了一种既贴近学生日常学业和考试情境，同时又适用于 4 岁及以上学龄前儿童的"数数测试"（Zhao et al.，2020）。与传统的抵制诱惑范式大多在有奖励的条件下考察作弊行为不同，该范式通常不涉及任何物质奖励（儿童即便获得成功，也不会获得任何形式的物质奖励），以此来创设更加真实的学业情境。具体来说，在一个安静独立的房间内放置了两张间隔一定距离的桌子。儿童坐在其中一张桌子前参加一场无人监考的数数测试。测试卷上一般有 5 道题，儿童需要在 5 分钟内完成。其中，前 4 道为简单题，所有儿童均可轻易完成；最后一题为超难题，儿童通常无法通过自身努力在规定时间内完成该题，如图 1-5 所示。在测试开始前，实验者会借故离开测试房间，并在离开前将正确答案正面朝上放在另一张桌子上，同时叮嘱儿童不可偷看答案。与抵制诱惑范式相同，儿童的所有行为也将由事先安装在房间角落的摄像机记录下来，实验者在实验结束后通过视频并结合儿童在超难题的作答情况（是否答对）来判断其是否做出偷看和抄袭答案的作弊行为。

通过多项研究，发现针对 5 岁儿童的数数测试范式研究所获得的作弊率相对稳定（Zhao et al.，2020；Zhao et al，2022），具有极高的实验价值。而后，在 2021 年的一项研究（Zhao et al.，2021）中，基于实验设计的特殊性（需要在正确答案上覆盖某件物品），笔者进一步对数数测试范式进行了改良。在改良后的范式中，笔者未将正确答案放置在另一张桌子上，而是将其放在了同一张桌子的右上角，如图 1-6 所示。这一操作将 5 岁儿童在数数测试范式中的作弊率由 50％提高到了 75％以上。可见,该范式还具有较高的灵活性,未来可被用于更多更广的研究设计中。

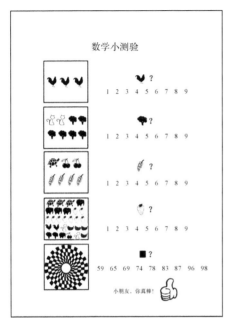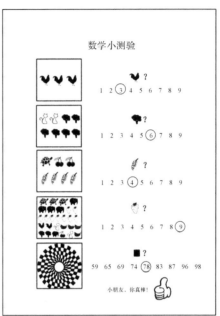

图 1-5　数数测试范式的试卷与答案示例

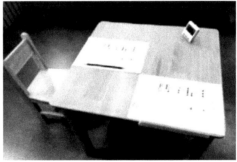

图 1-6　数数测试范式示例

数数测试范式的出现,意味着我们能够在更加真实的学业情境中探索不存在明显外在奖励的条件下的作弊行为是何时以及如何发生和发展的。这为探讨学业作弊行为及其背后的学业成就动机的产生和发展研究提供了新的理论和方法方面的支持。

(三)不可能完成任务范式

不可能完成任务范式最早由 Hartshorne 和 May(1928)创设。在该类范式中,实验者通常为儿童设置一项不可能完成的任务,进而观察儿童是否会在该类任务中做出违反规则的作弊行为。常见的不可能完成任务包括:迷宫任务(mazes puzzle)、圆圈任务(circles puzzle)、丢豆子任务(bean relay)等。

在迷宫任务中,实验者通常会交给儿童一张印刷着迷宫的卡纸,而后要求儿童闭上眼睛用笔在迷宫中"寻找出路"。若儿童能够成功"走出"迷宫则为完成任务,可获得一定的物质奖励。在圆圈任务中,卡纸上画着多个大小不一的圆圈,儿童同样被要求闭上眼睛在圆圈内写数字,写得越多越好,最后根据儿童所写的数字个数记录成绩。实验者在游戏中设立了获得奖励的标准,儿童在不违反规则的情况下无法达到这一标准。在丢豆子任务中,儿童被要求站在一个事先画好的小圆圈内,他需要将手中的豆子扔进一个距离圈边约 3 米远的水杯里,扔进则为完成任务。这些任务对于儿童而言,均不可能单纯依靠自身努力完成,从而可能会导致各种作弊行为的出现。

(四)自我批改范式

自我批改范式早在 Hartshorne 和 May(1928)的系列研究中就已出现,指要求学生自行批改试卷或作业,并根据批改的结果上报成绩。由于自我批改的过程为学生提供了修改答案、虚报成绩等的可能性,因此,通过比较学生自我批改后的成绩和真实成绩,便可得知学生是否存在审改答案、虚报分数等作弊行为。在 Hartshorne 和 May(1928)的研究中,实验者首先通过复写纸(石蜡纸)获得学生原始的考试成绩,而后与学生自行批改后上报的成绩进行比对,从而判断学生是否作弊。该范式具有可高度模拟/还原真实考试情境的优点,尤其适用于现场实验。

近期,笔者采用了自我批改范式针对初中生进行了一场有关学业作弊的现场实验(Zhao et al.,2022)。具体实验过程包括三个阶段:考试阶段、实验者批改阶段和学生自我批改阶段。在考试阶段,所有学生如往常一样,进行一场"真实"的考试;在实验者批改阶段,实验者回收试卷并离开教室,通过拍照的方式记录下学生的原始卷面情况,以便事后计算学生的真实分数;在学生自我批改阶段,实验者将试卷发还给每名学生,并要求其按照实验者提供的正确答案批改试卷并上报分数。

综上可见,研究儿童作弊行为的方法多种多样,我们可以根据研究样本量需求的大小、研究群体的特点、研究环境等因素选择最适宜的方法。更重要的是,未来的研究趋势可能将不仅限于单一的研究方法,而是更加倾向于将多种研究方法结合起来共同探讨某一研究问题(如以某种方法为主,其他方法为辅),从而获得更加丰富且客观的数据资料。

第二章

社会环境因素与儿童早期作弊行为

对家长和教师而言,帮助儿童融入社会、实现社会化是成长教育中十分重要的一环。实现社会化需要儿童能够了解社会规范,懂得规则允许的行为可做,而规则不允许或者说违反规则的行为(如作弊)不可做。迄今为止,关于如何帮助儿童学会遵守规则的实验研究还非常欠缺,父母和教师通常只能通过直觉和个人经验来开展相关教育。那么,作为教育者,我们该如何帮助儿童形成规则意识,减少作弊等违规行为呢?

正如第一章中介绍的,以往大量研究探索了个体因素与儿童作弊行为的关系。研究表明,个体的责任心、冲动性、攻击性、自尊水平、态度、学习动机、性别和能力等都与其作弊行为有关(Day et al., 2011;Kelly & Worell,Miller et al., 2007;1978;Schraw et al., 2007)。但是,这些个体特质普遍具有相对稳定、难以轻易改变(甚至不可改变)的特点。因此,对于如何对作弊进行教育干预这一问题,其解决方法依然主要基于以往有关影响作弊行为的情境因素的系列研究成果,如第一章提及的一些 Cizek(1999)整理的干预措施(包括安排多名监考教师等)。然而,这些措施的效果似乎相对有限,作弊行为依然屡禁不止。因此,很有必要为解决这一教育和社会问题提供一些新的、科学的、可行的指导方法,从早期教育入手,进一步降低校园乃至社会层面作弊行为的发生率。

基于最新的研究成果,本章首先提出了部分相对容易"操纵"的社会环境因素及其与儿童早期作弊行为的关系。这些因素主要包括承诺、声誉信息、表扬和间接性言语评价等。笔者通过简单的、日常交流的方式对上述因素进行操纵,发现仅仅采用一些"言语信息",就可以改变儿童的作弊行为。因此,这些研究结果对于儿童早期作弊行为的干预具有很高的实践价值。

一直以来,少有研究关注言语信息对儿童作弊行为的影响,但言语信息已被证实对儿童的认知能力存在影响(Diamond et al. , 2007;Schunk, 1985)。而包含认知控制、自我调节、计划、认知灵活性和策略运用等在内的执行功能已被证实与儿童的作弊行为有显著的相关关系(Talwar & Lee, 2008;Welsh, Pennington, Groisser, 1991)。与此同时,较低的执行功能水平会导致儿童在抵制诱惑时出现困难,从而倾向于选择做出作弊行为(Ding et al. , 2014;Talwar & Lee, 2008)。可见,言语信息很可能会通过一些中间变量对儿童的作弊行为产生影响。

因此,笔者开展了一系列关于不同社会环境因素对儿童早期作弊行为影响的实证研究。具体而言,采用抵制诱惑范式,通过操纵实验者传递给儿童的言语信息,来考察承诺、声誉信息、表扬和间接性言语评价对儿童早期作弊行为的影响。本章将分五节来详细展开论述。

第一节探究了承诺对儿童早期作弊行为的影响,即要求儿童说出"我承诺/将不会偷看"后,其作弊行为是否改变以及如何改变。

第二节探究了"好孩子"这一声誉信息对儿童早期作弊行为的影响,即在告知儿童其在别人眼中是个好孩子后,儿童的作弊行为是否改变以及如何改变。

第三节探究了"聪明的孩子"这一声誉信息对儿童早期作弊行为的影响,即在告知儿童其在别人眼中是个聪明的孩子后,儿童的作弊行为是否改变以及如何改变。

第四节探究了表扬(即表扬儿童聪明)对儿童早期作弊行为的影响,即当儿童被表扬"你很聪明"后,其作弊行为是否改变以及如何改变。

第五部分探究了间接性言语信息(即无意中听到同伴被表扬聪明)对儿童早期作弊行为的影响,即儿童无意中听到成人表扬其他儿童"是个聪明的孩子"后,其作弊行为是否改变以及如何改变。

第一节 承诺对儿童早期作弊行为的影响

一、研究背景

学龄前是儿童开始学习社会规则的关键时期。但规则通常意味着对行为的约束,因此随着年龄的增长,儿童会逐渐发现,在许多情境中,遵守规则往往意味着违背其自身的意愿(如不能在上课时随意走动,超市的玩具不能随意拿走等)。在这些情况下,儿童可能常常难以舍弃自身的利益追求,而做出一些违反规则的行为。所以,如何促进儿童认同和遵守规则是道德教育中的关键一环。

现有研究表明,学龄前儿童通常难以遵守父母或其他成人制定的规则。

儿童执行功能的发展水平有限很可能是导致这种现象的原因(Anderson,2002；Zelazo,Carlson,Kesek,2008)。以往研究发现,执行功能发展水平是影响个体违规行为的重要因素之一(Ding et al.,2014；Talwar & Lee,2008)。由于执行功能发展水平的局限性,处于学龄前阶段的儿童往往难以抵制诱惑进而更倾向于打破规则(Zelazo et al.,2008)。为了应对这一发展性问题,有必要寻找能够有效提高儿童抵制诱惑能力的方法。

Becker(1968)认为,个体在做出作弊行为前,可能会同时考虑作弊的潜在成本和收益以及作弊被抓的可能性和后果。其中,作弊的收益既可以是金钱等物质层面的收益,也可以是声誉等社会层面的收益。正如第一章中所述,作弊行为的目的通常有两种:获得实际收益和维护自我形象。研究表明,个体具有保持积极自我概念的需要,因此维持自己"是一个诚信的人"的自我概念能够带来心理上的满足感(Mazar,Amit,Ariely,2008)。例如,有研究发现,相比于"请不要作弊","请不要成为作弊者"这种强调作弊者身份的提示语更容易减少个体的作弊行为(Bryan,Adams,Momin,2013)。

在减少作弊方面,控制作弊的外在收益并不能对所有作弊行为奏效,且在实际生活中,作弊所带来的外在收益往往很难直接消除。如偷税漏税行为的动机是获得金钱,而减少税收只是一个治标不治本的方法,对于培养良好的道德风气并无增益。因此,探究与内在动机相关联的社会环境因素对儿童作弊行为的影响具有教育意义。

"承诺"是一种重要的社会环境因素,对其的研究在道德行为研究领域已经具有相当长的历史(Astington,1988a,1988b,1988c；Austin,1962；

Bussey，2010；Lyon & Evans，2014；Talwar et al.，2002，2004）。早在1962年，Astington(奥斯汀)就指出，要求个体做出口头承诺是促进其信守承诺的最常用的方法之一。因为诸如"我保证"这样的言语传递了某种社会信息，即暗含个体兑现承诺和付诸行动的意愿（Astington，1988a，1988b），诱发了个体的"责任感和义务感"（Bussey，2010）。但是，也有研究表明，9岁以下儿童对于承诺的理解十分有限，其倾向于认为没有兑现的承诺就不是承诺（Astington，1988b）。这是因为，儿童的社会认知能力有限，并不能区分承诺是一种对于未来的预测还是未来一定会发生的事件。Lyon 和 Evans（2014）的研究也发现，比起"我保证"，3 岁到 5 岁儿童更能够清晰地理解诸如"我希望"这类言语的含义。

总体来看，关于口头承诺对儿童道德行为的影响，目前的研究尚属空白，十分值得深入探讨。因此，本书通过一系列实证研究对承诺是否影响以及如何影响儿童的作弊行为进行了探讨。本节将逐一介绍这些研究。

二、研究方法

（一）研究一：有无承诺对儿童早期作弊行为的影响

第一项研究采用了抵制诱惑范式中的猜纸牌游戏。简单来说，儿童与实验者一对一在安静的房间内玩 6 轮猜纸牌游戏，儿童猜对 3 次及以上方可赢得奖品。实验者通过特制的纸牌操纵了儿童在前 5 轮游戏中的正确率（3 错2 对），因此儿童需要在最后一轮游戏中获胜方可获得奖品。在最后一轮游戏开始前，实验者借故离开房间，为儿童提供偷看纸牌的机会。

本项研究最初招募了 240 名来自我国东部某城市的儿童（120 名男孩，120 名女孩，均为汉族）参加游戏。其中，4 岁（平均年龄为 4.73 岁）、5 岁（平均年龄为 5.75 岁）、6 岁（平均年龄为 6.57 岁）及 7 岁（平均年龄为 7.76 岁）年龄组的儿童各 60 名。每个年龄组的 60 名儿童均被随机分配到以下两个实验条件中。

承诺组：实验者在离开前，告诉儿童"我需要你保证，我不在的时候你不会偷看"，并且要求其重复"我保证不会偷看"。

无承诺组：即控制组，该组除了不包含上述承诺之外，其他实验流程均与承诺组相同。

为了排除要求儿童重复规则这种行为可能存在的影响，本项研究后续又专门针对 5 岁儿童补充了一个实验。具体说来，另外招募了 90 名 5 岁儿童[①]（平均年龄为 5.48 岁），将其随机分配到三个组中：承诺组、无承诺组以及重复规则组。其中，前两个实验条件与第一项实验相同。

重复规则组：实验者在离开前，告诉儿童"我需要你对我说，你知道我不在的时候你不能偷看"，并要求其重复"我知道不能偷看"。

（二）研究二：不同承诺形式对儿童早期作弊行为的影响

在第一项研究的基础上，又开展了第二项实验，旨在考察不同形式，即简单的答应式的承诺（如点头应允）和更易理解的、不含"保证"两字的口头承诺（"我将不偷看"）对儿童作弊行为的影响。该项研究采用了抵制诱惑范式中

[①]　通过比较不同年龄儿童承诺组和无承诺组的作弊率发现，承诺对 4 岁儿童的作弊行为没有影响，对 5 岁及以上儿童的作弊行为则存在显著影响，且这种影响在 5 岁、6 岁、7 岁儿童中无显著差异。因此，补充实验仅以 5 岁儿童为代表开展。

的猜声音游戏,儿童需要根据实验者播放的声音来猜测放置在他身后的动物玩偶是什么。同样根据实验操纵,儿童只有在最后一轮游戏中猜对才能赢得奖品。最后一轮游戏开始前,实验者播放了一段与动物玩偶毫不相关的声音,并借故离开房间,儿童只能通过偷看身后的动物玩偶才能正确作答。本研究共招募了99名3岁到5岁儿童(52名男孩),并随机分配到以下三个条件中。

口头承诺组:实验者在离开前,告诉儿童"不要转身偷看玩具",并且要求其说出"我将不会转身偷看玩具"。

简单答应组:实验者在离开前,询问儿童"不要转身偷看玩具,好吗",儿童只需回答"好的"或点头回应。

控制组:除不包含"口头承诺"或"答应"环节外,其他实验流程均与口头承诺组和简单答应组相同。

三、研究结果

(一)研究一:有无承诺对儿童早期作弊行为的影响

第一项研究发现,除了4岁组,其余各年龄组的儿童在承诺条件下的作弊率均低于无承诺组(见图2-1)。卡方分析表明,在5岁、6岁及7岁年龄组中,条件效应均显著($\chi^2_{5岁} = 9.32$,$df = 1$,$p_{5岁} = 0.002$;$\chi^2_{6岁} = 11.88$,$df = 1$,$p_{6岁} = 0.001$;$\chi^2_{7岁} = 8.53$,$df = 1$,$p_{7岁} = 0.003$),即对5—7岁儿童而言,承诺组的作弊率显著低于无承诺组。但对4岁儿童而言,承诺组的作弊率与无承诺组并没有显著差异,依然保持了较高的比率。

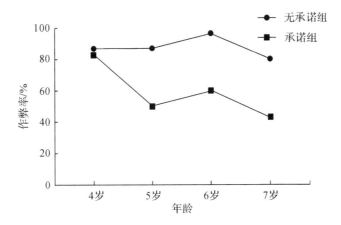

图 2-1　不同年龄组儿童在各条件下的作弊率情况（研究一）

在补充实验中，承诺组、无承诺组和重复规则组儿童的作弊率分别为：56.7%、83.3%和83.3%，如图 2-2 所示。卡方分析发现，重复规则组的作弊率显著高于承诺组（$\chi^2 = 5.08$，$df = 1$，$p = 0.024$），但与无承诺组的作弊率相比没有显著差异（$\chi^2 = 0.00$，$df = 1$，$p = 0.999$）。

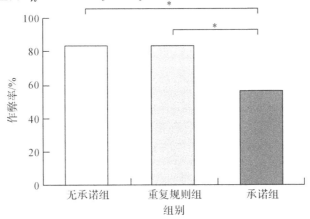

图 2-2　补充实验中 5 岁儿童在各条件下的作弊率（研究一）

注：*表示 $p < 0.05$。

（二）研究二：不同承诺形式对儿童早期作弊行为的影响

第二项研究的结果发现，共有 74%（73 名）的 3—5 岁儿童做出了作弊行为，即转身偷看了玩具。随后，对数据进行二元逻辑回归分析。具体来说，将年龄组的主效应放入模型第一层，条件的主效应放入模型第二层，年龄组和条件的交互效应放入模型第三层进行统计分析（见表 2-1）。结果发现，年龄组主效应不显著（$\chi^2=1.35, df=2, p=0.509$），但条件的主效应显著（$\chi^2=6.47, df=2, p=0.039$，如图 2-3 所示）。进一步分析发现，口头承诺组的作弊率显著低于简单答应组（$\beta=-1.32, p=0.027$），但简单答应组的作弊率与控制组没有显著差异（$\beta=-0.25, p>0.05$）。

表 2-1　3—5 岁儿童作弊行为的二元分层逻辑回归（研究二）

序号	预测变量	β	OR	χ^2	df	p	Nagelkerke R^2
模型 1	年龄 1（3 岁 vs 5 岁）	0.42	0.66				
	年龄 2（4 岁 vs 5 岁）	-0.24	1.27	1.35	2	0.509	0.02
模型 2	年龄 1（3 岁 vs 5 岁）	0.47	0.62				
	年龄 2（4 岁 vs 5 岁）	-0.06	1.06				
	条件 1（控制组 vs 简单答应组）	-0.25	1.28	6.47	2	0.039	0.11
	条件 2（口头承诺组 vs 简单答应组）	-1.32	3.76*				

续表

序号	预测变量	β	OR	χ^2	df	p	Nagelkerke R^2
	年龄 1(3 岁 vs 5 岁)	0.00	0.00				
	年龄 2(4 岁 vs 5 岁)	−1.46	4.29				
	条件 1(控制组 vs 简单答应组)	−0.11	1.11				
模型 3	条件 2(口头承诺组 vs 简单答应组)	−3.00	20.00	5.413	4	0.247	0.18
	条件 1×年龄 1	−0.81	2.27				
	条件 1×年龄 2	0.239	0.78				
	条件 2×年龄 1	1.54	4.67				
	条件 2×年龄 2	2.755	15.71				

注:* 表示 $p < 0.05$。

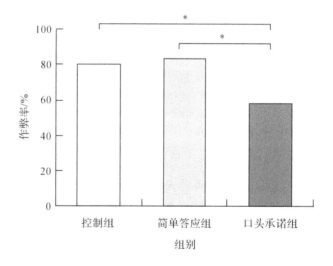

图 2-3　各条件下 3—5 岁儿童的作弊率(研究二)

注:*表示 $p < 0.05$。

第二项研究还对儿童的作弊潜伏期（即从实验者离开房间到儿童偷看玩具的间隔时间）进行了分析。通过线性回归发现，年龄组主效应不显著（$F_{(1,75)}=2.51$，$R^2=0.03$，$p=0.117$），条件主效应显著（$F_{(3,75)}=4.65$，$R^2=0.16$，$p=0.005$）。进一步分析可知，口头承诺组儿童的作弊潜伏期显著长于简单答应组（$\beta=8.47$，$p=0.006$），而简单答应组的作弊潜伏期与控制组没有显著差异（$\beta=-0.525$，$p=0.859$）。这意味着儿童在做出口头承诺后，需要花费更多的时间来"说服"自己违背承诺，做出偷看行为。

四、讨论与启示

总的来说，在排除重复规则这一因素的影响后发现，对于 5 岁及以上儿童而言，做出口头承诺能够有效减少其作弊行为，但这种效应在 4 岁儿童中并不存在。并且，进一步研究还发现，通过简单表示赞同的应答方式（回答"好的"或点头）来做出承诺并不能达到相同的效果。但是，通过简单口头承诺的方式（"我将不会偷看"）能够有效抑制 3—5 岁儿童的作弊行为。值得注意的是对于较低年龄组（4 岁及以下）儿童而言，带有"保证"一词的口头承诺（"我保证不会偷看"）不能减少其作弊行为，但更为简单的，不含"保证"一词的口头承诺却可以减少作弊，这可能是由于后者对于儿童语言理解能力要求更低，儿童更容易理解，进而达到了减少作弊的效果。

上述结果表明，5—7 岁儿童已经达到了一定的社会化水平，具体表现为：儿童已经能够努力保持行为与其承诺的一致性。然而这种社会化对儿童的心理理论[①]和执行功能发展水平具有一定的要求。换句话说,只有具备了一定心理理论和达到一定执行功能水平的儿童,才能理解"承诺"一词所蕴含的社会意义(Zelazo,Carlson,Kesek,2008)。显然,4岁儿童暂时还不具备这种能力。

所以,对于理解能力要求更低的口头承诺("我将不会偷看")可能更加适合年龄较小的学龄前儿童。如在3—4岁儿童中,相比采用"我保证我会/不会"这样的方式来引发儿童的道德感,直接采用"我将会/不会"这样的简单承诺方式更容易促进儿童对于规则的遵守,且后者不需要儿童理解"保证"一词包含的复杂含义。另外,相比做出口头承诺,简单答应组儿童仅仅只是"同意了"实验者的要求(不要偷看),可能并没有意识到"同意"代表着承诺,因此也就不会减少后续的作弊行为。这一结果也符合日常情况,即儿童总是倾向于认同或答应家长和教师说的话或提出的要求,尽管很多时候并不理解这些话或者要求所代表的真实含义。

此外,在分析儿童的作弊潜伏期时还发现,与简单答应组和控制组儿童相比,口头承诺组的作弊潜伏期更长。这可能是因为口头承诺("我将不会偷看")造成了儿童的认知冲突("我现在想要偷看"),儿童在履行诺言和想获得礼物之间进行反复权衡,进而导致其作弊潜伏期的延长。大量研究表明,作弊行为在许多情境中都是受物质(如奖金、礼品等)或非物质(如获得高分数)利益的诱惑而产生的(Becker,1968;Hechter,1990;Lewicki,1984),而上述冲突过程恰恰反映了儿童"抵制诱惑"的过程。

[①]　心理理论(theory of mind):指个体对自己和他人的愿望、信念、动机等心理状态与行为间关系的认识和理解,以及据此解释和预测他人行为的能力。

事实上,能否成功抵制住诱惑还与儿童自身认知发展水平有关。有研究发现,相较于成人,儿童受自身执行功能发展水平的限制,可能更难抵制住诱惑(Ding et al.,2014;Talwar & Lee,2008)。本研究结果表明,可以通过口头承诺的方式,来帮助儿童打破这种局限性。此外,口头承诺也让我们看到了成人给予儿童的言语信息在促进儿童社会化过程中的潜力。以往研究表明,言语信息在提升儿童自我控制能力和自我效能感水平中具有重要作用(Diamond et al.,2007;Schunk,1985,1986)。本研究则进一步揭示,言语信息在促进儿童规则遵从等道德行为发展中也具有重要作用。

在未来的研究中,一方面,可以进一步考察书面承诺对于儿童作弊行为是否存在影响。Mazer、Amir、Ariely(2008)发现,请大学生在"诚信声明"中签字,可以显著减少其在随后的实验任务中的作弊行为(更少地虚报自己成功解决任务的数量)。那么,书面承诺是否对儿童也具有同样的约束力?这有待进一步探究。另一方面,可深入探讨口头承诺影响儿童作弊行为的内部机制,即儿童为何会因为做出口头承诺而更倾向于保持诚信,是为了维持自身"诚信"的良好形象,还是因为其对诚信规则有了更强的认识,这些均有待于进一步研究考察。

在教育干预方面,本节内容表明,我们可以通过要求儿童进行口头承诺,来减少儿童的作弊行为。因此,在日常生活中,为了减少儿童的违规行为(如不遵守游戏规则、不遵守课堂纪律等),可以要求儿童做出口头承诺,保证不从事某种违规行为,这或许能够获得不错的效果。此外,这种效应也许还能够泛化到儿童的其他道德行为中,如要求儿童承诺"我保证不会破坏书本""我保证不会浪费粮食"等,进而达到减少儿童相应不道德行为的效果。

第二节 "好孩子"声誉对儿童早期作弊行为的影响

一、研究背景

在任何文化背景下,引导儿童形成与社会价值观一致的行为方式都是儿童早期社会化的核心目标之一。诚如本书前文所提到的,我们可以通过引导儿童做出承诺来帮助儿童抵制诱惑,进而减少儿童的作弊行为。另外,印象管理也是导致个体做出作弊行为的主要动机之一。本节将介绍如何通过"操纵"儿童的声誉信息来激发其印象管理的需要,从而增加其诚信行为。具体说来,本研究将探究当儿童得知自己拥有良好的声誉后,是否会为了维持自己的积极声誉而减少作弊行为。

首先,学龄期前后,儿童就已具备一定的对声誉信息的理解能力。以往研究表明,个体理解声誉信息的能力始于童年期,但究竟最早何时开始发展,目前尚无定论。有的研究者认为,大约 8 岁以前,儿童并不擅长声誉管理,声誉管理是大龄儿童以及成年人推理能力的特征之一。例如,年幼的孩子通常无法理解弱化自身的成就和积极品质(也就是通常我们所说的"自谦")可以提高自己的声誉(Banerjee,2000;Watling & Banerjee,2007)。然而,另外一些研究发现,儿童在 8 岁之前就已经对声誉有了一定的理解。例如,5 岁时,儿童已经逐渐意识到自己的声誉是在自己与他人交流过程中逐步塑造起来的(Hill & Pillow,2006)。此外,年幼的儿童也懂得何种因素可能影响声誉。例如,6 岁时,儿童意识到根据倾听者的需求来调整自己的沟通方式有利于自身形成良好的声誉(Banerjee,2002);4 岁儿童甚至也能意识到,不同的人传递同样的信息,会对其声誉产生不同的影响。比如,相较于4岁女孩,4岁男孩更不愿意承认自己喜欢洋娃娃(Gee & Heyman,2007)。

其次,越来越多的证据表明,当儿童关注自身声誉时,其行为也会相应地受到影响(Engelmann et al.,2013;Leimgruber et al.,2012;Piazza et al.,2011;Ross et al.,2004;Shaw et al.,2014;Stipek et al.,1992;Tomasello & Vaish,2013)。例如,当5岁儿童了解到他赠送礼物的对象将会知道礼物是由其赠送的时候,会表现得更加慷慨(Leimgruber et al.,2012),也更倾向于回赠礼品(Engelmann et al.,2013)。此外,还有研究发现,相较于没有他人在场的情况,5岁儿童在有他人在场的情况下更愿意分享,更少做出偷窃、作弊和撒谎的行为(Engelmann,Herrmann,Tomasello,2012;Fu et al.,2012;Piazza,Bering,Ingram,2011);6岁儿童则在有他人在场的情况下表现得更公平(Shaw et al.,2014)。

综上所述,以往研究结果表明,尽管学龄前儿童在声誉管理方面的能力还非常有限,但不可否认的是,5岁儿童已经对声誉信息有了初步和基本的理解。此外,儿童会在他人面前策略性地采取提高自身声誉的行动。可见,在这一阶段,儿童已经会有意识地管理和维护自身声誉。

基于此,笔者通过行为实验法,首次考察了积极的声誉信息是否以及如何对儿童的作弊行为产生影响。具体来说,在实验中,首先告知儿童其在同伴当中有着"好孩子"这一积极的声誉,以此考察儿童是否会为维护这一良好的声誉,而抵制住奖励的诱惑,更少做出作弊行为。

二、研究方法

笔者采用了与第一节第二项研究相同的抵制诱惑范式(即猜声音游戏)

来开展研究。本研究共招募了 300 名国内东部某城市幼儿园的 3—5 岁儿童（均为汉族），其中男孩 148 名。这些儿童被随机分配到 5 个实验条件中，具体的实验条件设置和人数分配情况如下。

好孩子声誉组（91 人，3—5 岁）：每名儿童在猜声音游戏开始前都会被告知"我认识你班上的同学，他们告诉我你是个好孩子"。实验者离开房间前，会再次提醒儿童，"就像我刚才说的，你班上的同学说你是个好孩子"；并随即告诫儿童，"如果我发现你偷看了玩具，我会告诉你班上的同学"。

控制组（90 人，3—5 岁）：儿童不会听到任何有关声誉的信息。除此之外，该组实验流程与好孩子声誉组完全相同。

值得注意的是，与控制组相比，好孩子声誉组的儿童除获得有关自身的积极声誉信息外，还被告知作弊可能带来的消极后果，即对自身声誉造成威胁（一旦作弊，教师和同学也会知道）。为了进一步考察仅仅提及积极声誉信息，而不给予任何有关作弊对声誉造成威胁的信息，是否依旧能减少儿童的作弊行为，本研究专门针对 5 岁儿童①进行了补充实验，并在原有的好孩子声誉组中去掉了有关作弊可能给声誉带来威胁的信息（将其命名为"好孩子声誉—无威胁组"）。与此同时，为了排除"声誉操纵之所以奏效，是因为儿童感受到了实验者的期望，而非想要维持积极声誉"这一可能性，增设了"期望控制组"。补充实验包含以下三个条件。

好孩子声誉—无威胁组（44 人，5 岁）：与好孩子声誉组一样，每名儿童在猜声音游戏开始前都会被告知"我认识你班上的同学，他们告诉我你是个好

---

① 通过对上述两个实验条件的统计分析，仅在 5 岁儿童中发现了显著的声誉效应，即仅 5 岁儿童的作弊率受到了好孩子声誉信息的影响，因此后续相关研究仅在 5 岁儿童中开展。

孩子"。实验者离开房间前,会再次提醒儿童,"就像我刚才说的,你班上的同学说你是个好孩子"。然而,与好孩子声誉组不同,实验者不再告诫儿童作弊会对其积极声誉造成威胁。

重复控制组(45 人,5 岁):与原控制组完全相同,即儿童未收到任何有关声誉的信息。

期望控制组(30 人,5 岁):实验者在离开房间前表示"我希望你会遵守规则,不会转身偷看"。除此之外,其他实验流程均与重复控制组完全一致。

三、研究结果

笔者主要分析了儿童在不同条件下的作弊率以及作弊潜伏期(即从实验者离开房间到儿童做出作弊行为之间的时间间隔)。

对于好孩子声誉组和控制组而言,描述统计结果显示,3 岁、4 岁和 5 岁儿童在两个条件下的作弊率均高于 50%,如图 2-4 所示。随后,采用卡方分析,考察两个条件中儿童的作弊率是否存在显著差异。结果发现,5 岁儿童在好孩子声誉条件下的作弊率显著低于控制条件($60.0\% $ vs 90.3%;$\chi^2 = 6.01$,$df = 1$,$p = 0.014$),而 3 岁和 4 岁儿童在两个条件下的作弊率均无显著差异($ps > 0.10$)。这表明,当告知儿童其在同学中具有积极的声誉(即好孩子)时,5 岁儿童的作弊率明显降低。但这种效应在 3 岁和 4 岁儿童中并不存在。

同时,对于作弊的儿童,本研究采用曼—惠特尼 U 检验对其潜伏期进行分析。结果发现,条件效应显著,即儿童在好孩子声誉条件下的作弊潜伏期($M = 10.44$ 秒,$SD = 13.58$ 秒)比控制条件($M = 5.14$ 秒,$SD = 8.26$ 秒)明显更长($z = 3.59$,$p < 0.001$)。进一步分析发现,这种现象存在于 4 岁和 5 岁儿

童中($z=-2.24$, $p<0.05$; $z=-2.33$, $p<0.05$)。3岁儿童在两个条件下的作弊潜伏期并没有显著差异($z=-1.39$, $p>0.05$),如表2-2所示。这表明,虽然"好孩子"这一声誉信息并没有减少4岁儿童的作弊行为,但至少使其在做出作弊行为前付出了更多的心理努力,即花费了更长的时间抵制诱惑(虽然最终还是未能成功抵制住诱惑)。而在5岁儿童中,"好孩子"这一声誉信息确实有效地帮助儿童抵制住了诱惑,显著减少了作弊行为。由此可见,4岁很可能是积极声誉奏效的关键过渡期。

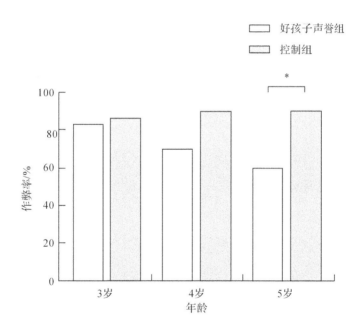

图2-4 三个年龄组儿童在好孩子声誉条件和控制条件中的作弊率

注:*表示 $p<0.05$。

表 2-2　三个年龄组作弊儿童在两个条件下的作弊潜伏期的平均值和标准差

条件	3 岁儿童 ($n=60$)	4 岁儿童 ($n=60$)	5 岁儿童 ($n=61$)	全体 ($n=181$)
好孩子声誉组	10.12(12.42)	11.62(14.38)	9.50(14.80)	10.44(13.58)
控制组	5.92(7.53)	4.74(7.05)	4.79(10.05)	5.14(8.26)

随后,本研究对补充实验中好孩子声誉—无威胁组、重复控制组、期望控制组儿童的作弊行为进行了统计分析。三组的作弊率分别为 75.0%、91.1% 和 93.3%,如图 2-5 所示。卡方分析表明,5 岁儿童在好孩子声誉—无威胁条件下的作弊率显著低于重复控制条件下的作弊率(75.0% vs 91.1%;$\chi^2=4.25$, $df=1$, $p=0.039$),并且也显著低于期望控制条件下的作弊率(75.0% vs 93.3%;$\chi^2=4.14$, $df=1$, $p=0.042$)。但儿童在期望控制条件下的作弊率与重复控制条件无显著差异。这表明,对于 5 岁儿童而言,仅仅通过告知其具有"好孩子"这一积极声誉,而无须提及作弊可能会对声誉造成不良后果,就足以减少儿童的作弊行为,并且这种作弊行为的减少并不是因为儿童想要达到实验者的期望。

本研究对三个条件下的作弊潜伏期进行了曼—惠特尼 U 检验。结果发现,对于作弊的儿童来说,好孩子声誉—无威胁组的作弊潜伏期($M=9.00$ 秒,$SD=11.19$ 秒)显著长于重复控制组($M=6.51$ 秒,$SD=11.00$ 秒;$z=-2.02$,$p=0.04$);期望控制组的作弊潜伏期($M=8.25$ 秒,$SD=8.30$)与好孩子声誉—无威胁组不存在显著差异($Z=-0.58$, $p=0.563$),但显著高于重复控制组($z=-2.72$,$p=0.006$)。这表明,虽然儿童最终都选择了作弊,但明确地告诉儿童成人对他的期望也会导致他在决定是否作弊时表现得更加犹豫,对作弊诱惑进行更长时间的抵制。

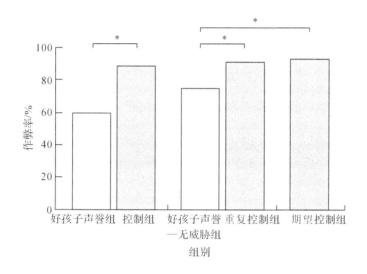

图 2-5 各条件下 3—5 岁儿童的作弊率(补充实验)

注:*表示 $p < 0.05$。

四、讨论与启示

本研究发现,维持"好孩子"这一积极声誉能增加 5 岁儿童的诚信行为,有效减少其作弊行为。具体而言,研究发现,告知 5 岁儿童他在同龄人中的积极声誉和作弊可能对其声誉造成的威胁(即同班同学将知道他的作弊行为)后,儿童的作弊行为有了明显的减少。与此同时,排除了实验者期望效应,即证明儿童确实是出于维持自身积极声誉的需要,而非出于想要达到实验者期望而减少其作弊行为。

同时,本研究未在 3 岁儿童身上发现积极声誉信息对其作弊行为的影响。然而,这并不能说明 3 岁儿童对所有的声誉信息都不敏感,其恰恰可能只是对某些具体的声誉信息敏感。例如,可能只在意某个特定朋友(而非所有的同班同学)对自己的看法。不仅如此,3 岁儿童可能也有维护自身积极声誉的需要,只因其执行功能等相关认知能力发展水平存在局限性(Zelazo,Carlson,Kesek,2008),很难成功抵制住诱惑(Ding et al.,2014)。当然,也不排除另外一种可能性:年龄较小的儿童可能根本没有注意到研究所操纵的声誉信息。

本研究的发现在以下几个方面扩展了前人关于声誉的研究。首先,儿童并不仅仅在某个特定对象(如家长或熟悉的朋友)面前才有维持积极声誉的需要,而是在更广泛的社会环境中(如在面对陌生的实验者时)都进行着声誉管理。其次,在(儿童以为的)无人观察的情境中,声誉信息依然会影响其作弊行为。再次,5 岁儿童已十分在意自己的声誉,为了维持积极声誉,宁可失去充满诱惑力的奖品,也不会选择作弊。最后,本研究首次揭示,儿童对他人所持有的、有关自身的特定印象的信息非常敏感,仅仅告诉儿童他有良好的声誉就能促进其诚信行为。

对作弊潜伏期的分析也是本研究的创新点之一。总体而言,儿童的作弊行为和作弊潜伏期通常表现出相同的趋势,即作弊潜伏期的增加通常伴随着作弊率的降低。但是,本研究中有两处结果与上述规律不同,即在作弊潜伏期显著增加的情况下,作弊率却并没有显著降低:一是对于 4 岁儿童,相较于控制条件,其在好孩子声誉条件下的作弊潜伏期更长,但作弊率却没有降低;二是对于 5 岁儿童,相较于控制条件(重复控制组),其在期望控制条件下的作弊潜伏期更长,但作弊率却并未降低。这些证据表明,声誉信息之所以没有对年龄更小的儿童(如 4 岁儿童)的诚信/作弊行为产生影响,不是因为儿童对声誉信息完全不敏感,而是因为较低的认知功能发展水平限制了其抵制诱惑行为。

本研究还对"儿童有能力做出维护声誉的行为"这一观点进行了补充。以往研究大多从进化理论出发,对个体的声誉管理进行了解读,即各物种通常在群体中才能够更好地生存,而群体活动大多需要合作,因此,个体倾向于选择与具有合作精神的合作者合作。有研究表明,相比于其他物种(如黑猩猩),5 岁儿童能够意识到自己在评价他人的时候,反过来也可能会被他人评判,并基于这种认知做出相应的行为来试图影响他人对自己的看法,以维护自身的声誉。如有他人在场时,5 岁儿童会增加自己的分享行为(Engelmann,Herrmann,Tomasello,2012)。

人们做出声誉管理行为往往是为了追求某些目标,比如物质利益或社会利益(如希望被他人接纳,进而成为某一群体的重要一员)。受社会利益驱动的声誉管理行为,往往需要个体理解自己的行为方式会影响他人对自己的看法,也就是对声誉有更复杂的理解。虽然本研究主要聚焦儿童的行为结果,并没有直接验证儿童对声誉信息的理解,但研究结果仍然在一定程度上表明,5 岁儿童已经表现出对声誉信息的敏感,并会为维持积极的声誉而抵制住物质利益的诱惑。

最后,研究发现,在未涉及作弊可能对声誉造成威胁或导致负面情绪后果的情况下,简单告知儿童其具有"好孩子"这一积极声誉就能显著影响其诚信行为。这一发现与前人的研究结果一致,即看似微不足道的言语线索会对儿童的社会推理和社会行为产生很大影响(Bryan,Master,Momin,2014;

Cimpian et al.，2007；Cimpian & Markman，2011；Gelman & Heyman，1999）。例如，Cimpian 等（2007）比较了特质表扬（比如"你是一个好画家"）和行为表扬（比如"你画得很好"）的效果。结果发现，听到特质表扬的儿童比听到行为表扬的儿童对自我的评价更消极，并且更不愿意接受挑战，面对困难也更容易束手无策。Cimpian 等（2007）认为，特质表扬往往隐含了这样一层意思，个体之所以能成功是因为其具有较好的能力或特质，然而，能力或特质往往是比较稳定且不容易改变的，因此，一旦遇到困难或挑战，儿童就会感受到声誉威胁（假如挑战失败，就显示了自己能力的不足）。而在本节的研究中，儿童获知其同班同学认为自己是"一个好孩子"，很可能暗示了好孩子和良好行为之间的联系，从而有效抑制了儿童的作弊行为。

在未来的研究中，可以进一步检验声誉信息对大龄儿童作弊行为的影响。一方面，声誉信息对 5 岁及以上儿童的影响可能会逐渐增强。儿童逐步发展的认知能力（如心理理论）会帮助其更好地考虑他人是如何看待自己的（Miller，2009），并且逐渐学会抑制自己的冲动和欲望，避免做出作弊等违反规则的行为（Lagattuta，2005）。然而，另一方面，比起小龄儿童，大龄儿童更有可能思考他人所传递的声誉信息的可信程度。例如，儿童可能会意识到，成人提供有关自身的积极声誉信息只不过是他们的一种伎俩，只是为了让自己按照成人的要求或制定的规则来行动。由此可见，年龄在声誉信息对作弊行为的效应中所发挥的作用还有待进一步探索。

此外，未来的研究还可进一步考察目前的发现是否具有文化特异性。以往研究表明，西方儿童也同样表现出维护或提高自己声誉的需要（Engelmann et al.，2013；Leimgruber et al.，2012；Piazza，Bering，

Ingram，2011；Ross et al.，2004；Shaw et al.，2014；Stipek et al.，1992），且十分关注他人对自己积极的道德评价（Bryan et al.，2014；Burhans & Dweck，1995）。可见,本研究结果具有一定的跨文化适用性。另外,"好面子"是东方文化相较于西方文化的一个显著特征,东方文化十分强调"面子"的重要性,因为"面子"关系到一个人在社会中所能获得的尊重（Hwang，1987；Li，Wang，Fischer，2004），因此,在东方文化背景下长大的儿童可能会更早发展出更高程度的声誉管理需求。与此同时,在东方文化背景（尤其是东亚地区文化）下成长的儿童,很可能比西方文化背景下的儿童有更大的遵守社会规范的压力（Chao，1995；Lin & Fu，1990），而声誉信息恰好提醒了儿童遵守规则是给他人留下良好印象的一种手段。此外,有关自我呈现（self-presentation）的研究表明,与我国儿童相比,美国儿童更倾向于向成功的同龄人隐瞒自己的失败（Heyman，Fu，Lee，2008）。这进一步证明,声誉管理存在跨文化差异,值得未来进一步探究。此外,未来的研究在检验潜在的跨文化差异时,还应考虑到在东方和西方文化背景下长大的儿童对特定的声誉线索可能具有不同程度的敏感性。例如,美国儿童可能更加习惯于在各种日常生活情境中被称为"好孩子",因此,更有可能在实验过程中忽略这些信息。

　　值得注意的是,尽管声誉操纵促使儿童作弊行为显著减少,但大多数儿童仍然选择了作弊。也就是说,某些在意自己声誉的儿童可能也会作弊,因为他们寄希望于自己的作弊行为不会被发现,或是坚信作弊不会被发现。此外,正如前文中所提及的,执行功能发展的不成熟可能会导致一些想要保持积极声誉的儿童因为不具备足以抵制诱惑的认知水平而作弊。因此,未来的研究可以通过直接评估儿童的执行功能水平来检验该能力在其中发挥的作用,也可以通过实验操纵(例如,改变奖品的诱人程度以增加抵制诱惑时所需投入的认知负荷)来检验执行功能在其中的作用。

本研究主要考察的是积极声誉信息的影响,然而,换一个视角考虑,研究结果也说明:消极声誉信息也可能对儿童的作弊行为产生影响。一方面,儿童可能会认为,如果自己已经有了负面名声,那便不必费力去做一个好孩子;另一方面,负面声誉也有可能促使一些儿童尽力抹去它。然而,出于研究伦理的考虑,这些假设很难在现实中予以检验。

未来也可以将研究重点放在积极声誉信息对不同类型的道德行为的影响上,例如,声誉信息对除作弊之外的不道德行为的影响,以及对助人等亲社会行为的影响。此外,在某些情况下,积极声誉也可能导致消极行为。例如,研究发现,儿童可能为了维持自己的某种积极声誉而做出更多作弊行为(详见下一节内容)。

综上,本节的研究首次证实,给予儿童一个"好孩子"的声誉可以减少其后续的作弊行为。因此,家长和教育工作者可以通过向儿童传递积极的声誉信息来帮助儿童抵制诱惑,减少甚至避免其做出作弊等不诚信行为。如教师可在班级中公开表扬儿童是个诚实守信的"好孩子",帮助儿童在班级中建立"好孩子"的声誉形象,进而引导儿童为了维护这一形象而养成良好的诚信行为习惯。

第三节 "聪明的孩子"声誉对儿童早期作弊行为的影响

一、研究背景

在上一节中,笔者已经介绍过,儿童对声誉的理解是在很长一段时间内逐渐形成的。研究发现,告诉儿童其在教师和同学眼中是个"好孩子"之后,能够帮助他在无人监督的情况下,抑制违反规则以获得奖励的冲动,转而能够遵守规则(不作弊)。那么,不同的积极声誉信息对儿童形成良好规则意识、增加其诚信行为有同样的效果吗?

在高度重视"聪明"这一特质的文化背景下,作弊行为虽然违反了社会规则,但是却能帮助作弊者完美地完成任务,从而表现得"聪明"。可见,告诉儿童他很聪明可能未必能够如"好孩子"声誉一般减少其作弊行为,相反,可能还会促使儿童作弊。对于这一假设,以往并未有直接的证据为其提供理论方面的支撑。但已有研究表明,称赞儿童聪明的确会产生一些负面后果(Brummelman,Crocker,Bushman,2016;Cimpian et al.,2007;Elliot & Dweck,2013;Kamins & Dweck,1999;Mueller & Dweck,1998;Zentall & Morris,2010)。例如,Mueller 和 Dweck(1998)发现,与因努力而受到表扬的儿童相比,获得能力表扬(例如"你很聪明")的五年级学生在困难任务中所能坚持的时间更短,而且表现也更差。这表明,称赞儿童聪明可能会引导儿童更多地关注他人对自己的评价,从而增加了其在任务表现方面的压力。

当然,也不排除另一种可能性,即告诉学龄前儿童他有"聪明的孩子"这一积极声誉并不影响其遵守规则、保持诚信的行为。曾有研究发现,七八岁之前,儿童对"聪明"这一词的理解非常有限(Nicholls,1978;Nicholls & Miller,1983),而且,对个人的智力或者能力方面信息的关注程度也显著低于年龄较大的儿童(Benenson & Dweck,1986;Stipek & Iver,1989)。这些研究结果意味着,年龄较小的儿童可能并不知道拥有"聪明"这一声誉意味着什么,或者可能根本就不关心这一声誉。

因此,为了探究"聪明"声誉对儿童作弊行为的影响,笔者开展了一项实证研究。通过提示儿童其在别人眼中是个"聪明的孩子",考察这一有关能力的积极声誉信息是否会导致儿童做出违反规则的作弊行为。下面,将从研究的方法、结果、讨论与教育意义这四个方面展开介绍。

二、研究方法

本研究共招募了国内东部某城市幼儿园的 283 名儿童,包括 3 岁儿童 160 名(其中,男孩 83 名)和 5 岁儿童 163 名(其中,男孩 86 名)。每个年龄组的儿童被随机分配到三个实验条件中:聪明声誉组、无关声誉控制组、无声誉控制组。其中,各实验条件下的 3 岁儿童 40 名,5 岁儿童 41 名。后续又补充了一个实验条件,即"聪明声誉控制组",并将另外 40 名 3 岁儿童和 40 名 5 岁儿童分配到该实验条件。

本研究也采用了抵制诱惑范式中的猜纸牌游戏,且在原有游戏任务实验流程的基础上参考本章第一节增加了"要求儿童做出'保证不作弊'的口头承诺"这一操纵。这是因为,第一节的研究已经表明,让儿童承诺不作弊可以减少作弊行为,使其作弊率下降至 50% 左右(接近于通常意义上的随机水平)。将儿童作弊率的基线水平控制在 50% 左右,可增加实验操纵的灵活性,使实验者可以同时考察"聪明的孩子"这一积极声誉可能导致的作弊行为增加(以避免作弊率接近 100%,出现"天花板效应")或减少(以避免作弊率接近 0,出现"地板效应")的情况。各个实验条件在关键指导语方面的区别如下。

聪明声誉组:实验者在游戏正式开始前告诉儿童,"我认识你的老师和同学,他们告诉我你是一个聪明的孩子"。

无关声誉控制组:实验者在游戏正式开始前告诉儿童,"我认识你的老师和同学,他们告诉我你是一个爱干净的孩子"。之所以选择"爱干净"这一特质,是因为"爱干净"与"聪明"一样,都属于积极的特质,但与"聪明"不同的是,前者与当前任务无关。此外,以往研究表明,在我国,"爱干净"是被家长和教师重视且经常反复强调的一种优秀品质(Li et al.,2014)。

无声誉控制组:实验者不提及任何有关儿童声誉的信息。

上述三个条件除在以上关键指导语方面存在差异外,其他实验流程完全一致。

为了进一步弄清楚儿童究竟只在知晓其"聪明"声誉的人面前表现出维护声誉的需要,还是一旦知晓其聪明声誉,便无差别地在任何人面前都表现出维护声誉的需要,本研究后续又针对3岁和5岁儿童增设了"聪明声誉控制组"这一实验条件,其关键操纵如下。

聪明声誉控制组:该实验条件采用了双主试模式。在实验的第一阶段,当儿童到达教室时,实验者A介绍自己来自其他城市,并且很快就要回到她所定居的城市,想要在离开前与他/她(参与实验的儿童)一起玩猜纸牌游戏。接下来,与最初的聪明声誉组相同,实验者A在游戏正式开始前告诉儿童,"我认识你的老师和同学,他们告诉我你是个聪明的孩子"。随后,实验者A便会假意查看自己的手表,并表示因为时间紧迫,自己需要马上离开,且以后都不再回来。随后,实验者A离开房间。第二阶段,另一名实验者B(假装与实验者A不认识,且对第一阶段的游戏过程完全不知情)进入教室,与儿童一起完成了后续的游戏内容。除此之外,该实验条件的流程与以上三个条件完全相同。

三、研究结果

首先,对聪明声誉组、无关声誉控制组和无声誉控制组的 3 岁和 5 岁儿童的作弊行为进行分析。描述性统计结果表明,聪明声誉组中 3 岁儿童和 5 岁儿童的作弊率分别为 67.5% 和 56.1%,无关声誉控制组的作弊率分别为 42.5% 和 43.9%,无声誉控制组的作弊率分别为 47.5% 和 34.1%。

随后,采用二元逻辑回归分析考察三个实验条件下,儿童的作弊率是否存在显著差异。以实验条件、年龄组、性别及其二重、三重交互作用为预测变量,是否作弊为结果变量,分析表明,最佳拟合模型中仅包含实验条件和性别的主效应而不包含年龄组的主效应或任何交互作用,且该模型显著($\chi^2 =$ 14.14,$df = 3$,$p = 0.003$,$-2\mathrm{loglikelihood} = 322.53$,Nagelkerke $R^2 =$ 0.08)。其中,条件主效应显著($p = 0.017$)。具体说来,聪明声誉组中儿童的作弊率显著高于无关声誉控制组(61.7% vs 43.2%,$\beta = -0.75$,SE $\beta =$ 0.32,Wald $\chi^2 = 5.41$,$df = 1$,$p = 0.020$)以及无声誉控制组(61.7% vs 40.7%,$\beta = -0.85$,SE $\beta = 0.33$,Wald $\chi^2 = 6.82$,$df = 1$,$p = 0.009$),即"聪明的孩子"这一积极声誉会增加儿童的作弊行为。相比之下,向儿童提及与任务无关的积极声誉信息不会影响其作弊行为。性别主效应显著,男孩的作弊率显著高于女孩($\beta = -0.62$,SE $\beta = 0.27$,Wald $\chi^2 = 5.48$,$df = 1$,$p = 0.019$;见表 2-3)。这些结果表明,"聪明的孩子"这一积极声誉会增加儿童的作弊行为,且该效应在 3 岁和 5 岁孩子中均显著。

表 2-3 针对聪明声誉组、无关声誉组及无声誉控制组的逻辑回归分析结果

预测变量	β	SE β	Wald χ^2	df	p	OR	95%CI
条件			8.17	2	0.017		
条件 1 (无关声誉控制组 vs 聪明声誉组)	−0.75	0.32	5.41	1	0.020	0.47	0.25—0.89
条件 2 (无声誉控制组 vs 聪明声誉组)	−0.85	0.33	6.82	1	0.009	0.43	0.23—0.81
性别	−0.62	0.27	5.48	1	0.019	0.54	0.32—0.90

同时,研究还比较了儿童作弊潜伏期在上述三个实验条件下的差异。通过非参数检验中的克鲁斯卡尔—沃利斯检验和曼—惠特尼 U 检验发现,在三个条件下,无论对于所有儿童而言,还是分别对于 3 岁或 5 岁儿童而言,抑或分别对于男孩或女孩而言,作弊潜伏期在不同的实验条件下均不存在显著差异。

随后,本研究对 3 岁和 5 岁儿童在聪明声誉控制条件下的作弊行为进行了分析。在该组中,3 岁和 5 岁儿童的作弊率分别为 40.0% 和 32.5%。将该组的数据与最初的聪明声誉组和无声誉控制组的数据合并后,进行与上述类似的二元逻辑回归分析(见图 2-6、表 2-4)。结果表明,最佳拟合模型同样只包含实验条件和性别的主效应,且该模型显著($\chi^2 = 16.489$,$df = 3$,$p = 0.001$,-2loglikelihood$= 317.65$,Nagelkerke $R^2 = 0.088$)。其中,条件主效应显著,具体来说,聪明声誉控制组儿童的作弊率显著低于聪明声誉组(36.3% vs 43.2%,$\beta = 1.05$,SE $\beta = 0.33$,Wald $\chi^2 = 10.21$,$df = 1$,$p = 0.001$),但与无声誉控制组没有显著差异(36.3% vs 40.7%,$\beta = 0.20$,SE $\beta = 0.33$,Wald $\chi^2 = 0.39$,$df = 1$,$p = 0.533$)。同时,性别主效应显著,与女孩

相比,男孩在各个条件下的作弊率均显著更高($\beta = -0.56$,SE $\beta = 0.27$,Wald $\chi^2 = 4.36$,$df = 1$,$p = 0.037$)。上述结果意味着,无论是对 3 岁还是 5 岁儿童而言,他们均只在知晓其拥有"聪明"声誉的人面前才表现出维护"聪明的孩子"这一积极声誉的需要。

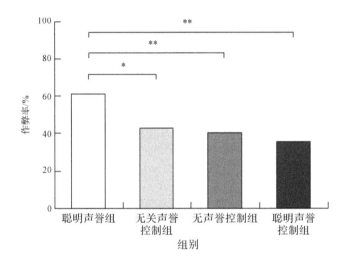

图 2-6 各条件下儿童的作弊率

注:*表 $p < 0.05$;**表示 $p < 0.01$。

表 2-4 针对聪明声誉组、聪明声誉控制组及无声誉控制组的逻辑回归分析结果

预测变量	β	SE β	Wald χ^2	df	p	OR	95%CI
条件			11.59	2	0.003		
条件 1 (聪明声誉组 vs 聪明声誉控制组)	1.05	0.33	10.21	1	0.001	2.86	1.50—5.46
条件 2 (无声誉控制组 vs 聪明声誉控制组)	0.2	0.33	0.39	1	0.533	1.23	0.65—2.33
性别(男孩组 vs 女孩组)	−0.56	0.27	4.36	1	0.037	0.57	0.34—0.97

在作弊潜伏期方面,分析表明,无论是对全体、不同年龄组或是不同性别儿童而言,聪明声誉组、聪明声誉控制组和无声誉控制组的潜伏期两两均不存在显著差异。

四、讨论与启示

总的来说,本节的研究发现,获知"聪明的孩子"这一积极声誉的儿童(包括3岁和5岁儿童)的作弊率显著高于那些收到与实验任务无关的积极声誉信息(爱干净)和未收到任何声誉信息的儿童。换句话说,告诉儿童其拥有"聪明的孩子"的声誉会增加他的作弊行为,且儿童作弊行为增加的主要原因是为了在知道自己声誉的人面前表现得聪明,以维护自己的声誉。

在研究中发现,不同类型的声誉信息可能会产生不同的行为后果,如"聪明的孩子"这一声誉会增加儿童的作弊行为,"爱干净的孩子"这一声誉对儿童的作弊行为则并不产生任何影响,而在前一节的研究中发现,"好孩子"声誉能够降低儿童的作弊率。这说明,在学龄前阶段,儿童就已懂得采取特定的行为维护自己在某个方面的声誉。比如,作弊带来的结果可能使其看起来更聪明,但并不会让他显得更爱干净。此外,儿童对声誉管理也有一定程度的理解。比如,儿童知道,只有在知晓自己有"聪明"声誉的人(而非陌生人)面前想尽一切方法维持自己的聪明声誉才有必要。

值得注意的是,本节的研究结果与上一节并不一致,虽然同样是告诉儿童其拥有积极的声誉,但"好孩子"这一声誉信息可以减少作弊,而"聪明的孩子"这一声誉反而会增加作弊。也就是说,儿童对积极声誉的管理并不意味着其总会为此做出好的行为(如保持诚信);相反,也有可能为此做出不好的行为(如作弊)。此外,值得一提的是,本节的研究中发现,3岁儿童已经对"聪明"这一声誉信息具有一定的敏感性。但上一节的研究显示,仅5岁儿童表现出对"好孩子"这一声誉信息敏感,3岁儿童似乎并未理解"好孩子"这一声誉信息所隐含的意义。笔者认为,这可能与儿童对"聪明的孩子"和"好孩子"及其相对应的外部行为表现的理解存在差异有关。或许对于儿童而言,建立起"聪明的孩子"与"表现良好"之间的联结,远比建立起"好孩子"和"保持诚信"之间的联结来得更容易。

此外,在上一节的研究中,与无声誉操纵的控制条件相比,儿童通过减少作弊表现出其对"好孩子"声誉的敏感性;而在本研究中,与控制条件相比,儿童则通过增加作弊行为来表现其对"聪明的孩子"这一声誉信息的敏感性。以上两种情况背后的机制可能大不相同。例如,抑制作弊的冲动对于儿童执行功能等认知能力的发展具有一定的要求。正如前一节所述,"好孩子"声誉之所以在低龄儿童中未能发挥作用,很可能是由于执行功能发展存在局限性。但在本节的研究中,就不存在这种认知发展的束缚。

正因为如此,本研究发现,3岁与5岁儿童的反应模式在各个实验条件下都非常相似。以往有关能力表扬(如"你真聪明")的研究均未发现能力表扬对4岁以下儿童存在影响(Cimpian et al.,2007;Elliot & Dweck,2013;Kamins & Dweck,1999;Mueller & Dweck,1998;Zentall & Morris,2010)。然而,本研究结果表明:一方面,3岁儿童对"聪明"这一能力特质的理解可能比我们原本认为的更深、更复杂;另一方面,也存在这样一种可能,即儿童对"聪明"的理解尚且非常粗浅,但这种粗浅的理解已经足以改变儿童的行为倾向(Lewis et al.,1992)。

另外,本研究还发现了性别效应,即男孩比女孩更倾向于作弊。这一发现与经济学和心理学领域针对成人道德行为的相关研究结果十分相似,即男性比女性更有可能做出作弊等不道德行为(Alm,Jackson,McKee,2009;Bucciol,Landini,Pxiovesan,2013;Houser et al.,2016)。出现这种性别差异的原因可能在于:男性在社会化过程中更倾向于表现出个人主义,因此更有可能做出冒险行为(Baillargeon et al.,2007;Robbins & Martin,1993;Tibbetts,1997;Tibbetts & Herz,1996)。此外,还有证据表明,与男孩相比,女孩在社会化过程中更倾向于表现出对成人要求和社会规范的顺从,如遵守"不要作弊"这一规则(Baillargeon et al.,2007;Bucciol & Piovesan,2011)。可见,有关规则遵从方面的性别差异早在学龄前期就已存在并表现出来了。但是,考虑到在许多同样采用抵制诱惑范式的研究中并未一致发现类似的性别效应(Ding et al.,2014;Fu et al.,2016),因此,本研究发现的性别效应还需要更多研究加以重复验证。

尽管本研究表明,告知儿童其拥有"聪明"声誉会对他的道德行为产生负面影响,但未来仍需要通过更多研究以探索这种效应的内在机制。特别是要进一步评估研究的实验操纵(即告知儿童其拥有积极的声誉)在多大程度上使得儿童注意到其所拥有的声誉,从而导致后续作弊行为的改变。此外,由于研究在原抵制诱惑范式的基础上增加了"口头承诺"的操纵(即要求儿童做出口头承诺"我保证不偷看"),故研究结果实际上表明"聪明的孩子"这一声誉操纵会导致儿童"违背承诺且作弊"这一行为的增加(而非直接导致作弊行为的增加)。未来的研究可通过改变实验范式(如采用无须承诺但作弊率同样保持在50%左右水平的数数测试范式),将声誉信息对作弊行为本身和违背承诺两者的影响加以分离。

　　总而言之,本研究首次证明,告诉儿童其拥有"聪明的孩子"这一积极声誉可能导致他为了维护"聪明"声誉而更多作弊。该结果表明,向儿童提及有关其智力或能力的积极声誉信息可能会导致适得其反的负面后果。此外,结合前一节的研究结果,笔者还发现,不同类型的积极声誉信息对 3 岁儿童诚信行为的影响也不同,3 岁儿童可能已经对某些声誉信息(如聪明)比较敏感,并且会为了维护该声誉而更倾向于作弊。

　　在我国当下的社会背景下,儿童的学业表现一直备受关注,"聪明"在一定程度上等同于"有出息""能成功"。因此,夸奖儿童聪明成为许多家长、教师和教育工作者在教育过程中常用的鼓励儿童的方法。长此以往,儿童便也无师自通地领悟到了"聪明"这一特质的重要性,并在获得该声誉后想尽办法维持。但是,"聪明"实际上是一种相对稳定的能力特质,这种肯定更多时候指向的是任务结果。这就意味着,在得知自己被认为是个"聪明的孩子"后,儿童只有通过在任务中表现"完美"才能维持这样的声誉。而当儿童感到通过自身的努力难以"完美"地完成任务以维持"聪明"形象时,便会开始寻找其他途径,稍有不慎便会做出违规行为。因此,作为家长和教育工作者,在日常生活中应引导儿童关注自身可改变的特质,例如"努力""仔细""肯用心"等,当这些特质被赞扬和肯定后,儿童相应地也会为了维护这些积极声誉而表现得"更努力""更仔细"以及"更积极",并在此过程中逐渐养成诚实守信的优秀品质。

第四节 表扬对儿童早期作弊行为的影响

一、研究背景

在前两节中,笔者均采用了直接告知儿童其拥有积极的声誉这一方式操纵声誉信息,从而揭示儿童对有关自身的积极评价(例如,好孩子、聪明的孩子)具有一定的敏感性,且不同积极声誉信息会对儿童的诚信行为造成不同的影响。其中,告诉儿童其拥有"好孩子"声誉能够有效减少儿童的作弊行为,但告诉儿童其拥有"聪明的孩子"声誉则适得其反,会增加儿童的作弊行为。这些研究共同表明,儿童对上述评价性信息十分敏感,不同类型的积极评价信息对儿童的诚信/作弊行为的影响也大不相同。那么,当儿童收到成人给予的直接表扬时,其诚信/作弊行为又会发生什么样的变化呢?

近年来,随着赏识教育、正面教育的呼声不断高涨,家长和教师越来越认识到,积极的言语评价能够引导儿童的心理和行为朝着更好的方向发展。口头表扬就是一种在日常生活中十分常见的且简单易行的教育方式。人们普遍认为,这种方式能够培养儿童的自信心、提高儿童的成就动机。但人们往往不会思考如何表扬才能使之真正发挥积极的作用,错误的表扬方式又是否会带来一些消极的后果。

事实上,已有研究表明,成人给予儿童的能力表扬的确会对儿童造成一些负面影响(Cimpian et al.,2007;Kamins & Dweck,1999;Mueller & Dweck,1998)。如 Cimpian 等(2007)的研究发现,不同于聚焦行为本身的表扬(如"你做得很好"),表扬儿童的能力(如"你真聪明")可能会影响儿童的成就动机,使其更倾向于关注结果(成功与否),且更倾向于建立一种能力的实体观,即认为能力是稳定和不可改变的。前一节中也提到,儿童为了维护"聪明的孩子"这一声誉会更倾向于作弊。可能的原因在于,"聪明"是一种相对稳定的特质,为了显示自己具有这一短时间内无法改变的特质,儿童会倾向于通过作弊来寻求"完美"表现,从而显示自己很"聪明"。此外,Kamins 和Dweck(1999)的研究也表明,相较于表扬儿童努力,表扬儿童聪明会使其在遇到挫折后更容易产生无助感,且自我评价也较低。

然而,以往有关能力表扬的研究大多探讨的是其对儿童成就动机等的影响,鲜有研究探讨其是否会对儿童的道德行为造成影响。在本节中,将重点考察"聪明"这一能力表扬是否影响以及如何影响儿童的作弊行为。下面,将从研究的方法、结果、讨论与教育意义四个方面展开介绍。

二、研究方法

本节的研究依然采用了抵制诱惑范式中的猜纸牌游戏。笔者在我国东部某城市的幼儿园招募了 150 名 3 岁儿童和 150 名 5 岁儿童(均为汉族,其中,3 岁组男孩71 名,5 岁组男孩 78 名)。两个年龄组的儿童被分别随机分配到三个实验条件中,每个条件下 3 岁和 5 岁儿童各有 50 名。三个条件在除以下关键实验操纵之外的实验流程方面均保持一致。

能力表扬组:在试玩结束、正式实验开始前,实验者会根据试玩阶段表现表扬儿童"你真聪明"。

行为表扬组:在试玩结束、正式实验开始前,实验者会根据试玩阶段表现表扬儿童"你做得很好"。设置行为表扬组的目的是使其与能力表扬组形成对照,考察非能力表扬是否与能力表扬相似,也会影响儿童的作弊行为。

控制组：实验者未给予儿童任何形式的表扬。

三、研究结果

描述性统计分析表明，儿童在能力表扬组、行为表扬组、控制组的作弊率分别为 60％、41％ 和 40％，如表 2-5 和图 2-7 所示。随后，采用二元逻辑回归分析来考察三个条件下儿童的作弊率是否存在显著差异。以实验条件、年龄组、性别及其二重、三重交互作用为预测变量，是否作弊为结果变量，分析表明，最佳拟合模型仅包含条件和性别的主效应，而不包含年龄组主效应以及任何交互作用，且该模型显著（$\chi^2 = 15.68$，$df = 3$，$p = 0.001$，$-2\mathrm{loglikelihood} = 399.13$，Nagelkerke $R^2 = 0.068$）。其中，条件主效应显著（Wald $\chi^2 = 10.12$，$df = 2$，$p = 0.006$）。具体来说，能力表扬组的作弊率显著高于行为表扬组（60％ vs 41％；$\beta = 0.78$，SE $\beta = 0.29$，Wald $\chi^2 = 7.26$，$df = 1$，$p = 0.007$，$OR = 2.19$，95％ $CI = [1.24，3.87]$）以及控制组（60％ vs 40％；$\beta = 0.82$，SE $\beta = 0.29$，Wald $\chi^2 = 7.93$，$df = 1$，$p = 0.005$，$OR = 2.27$，95％ $CI = [1.28，4.02]$），但行为表扬组和控制组之间不存在显著差异。也就是说，无论对于 3 岁还是 5 岁儿童，表扬其聪明都会显著增加其作弊行为，而相比之下，表扬其做得好并不会对其作弊行为产生影响。此外，性别主效应也显著，即在三个实验条件下，男孩的作弊率均显著高于女孩（53.7％ vs 40.4％；$\beta = 0.55$，SE $\beta = 0.24$，Wald $\chi^2 = 5.39$，$df = 1$，$p = 0.020$，$OR = 1.74$，95％ $CI = [1.09，2.77]$）。

综上，研究结果表明，表扬儿童聪明会起到适得其反的作用，即会显著增加儿童的作弊行为，且这种负面效应无论在 3 岁还是 5 岁儿童中都会产生。

表 2-5　各条件下不同年龄、性别儿童的作弊率情况

条件	3 岁儿童 (n=74)	5 岁儿童 (n=67)	男孩 (n=80)	女孩 (n=61)	全体 (n=141)
能力表扬组	62%	58%	68%	52%	60%
行为表扬组	44%	38%	46%	36%	41%
控制组	42%	38%	47%	33%	40%

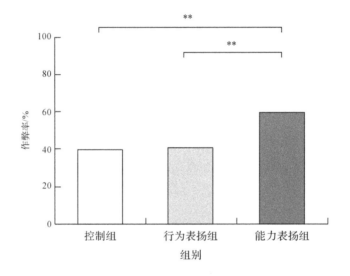

图 2-7　不同年龄组、性别以及各实验条件下儿童的作弊率

注:**表示 $p < 0.01$。

四、讨论与启示

总的来说,本节探究了不同的表扬方式是否会影响儿童的作弊行为。结果表明,无论对于 3 岁还是 5 岁的儿童,表扬其聪明都会增加作弊行为,表扬其做得好,则不会对作弊行为产生影响。

为什么表扬儿童聪明会起到适得其反的作用呢？可能的原因之一是：能力表扬作为成人常常使用的一种口头表扬方式，会潜移默化地引导儿童将聪明视为一种稳定的个人特质，并且这种特质可以通过外在的行为表现来显示。所以，当儿童受到表扬后，一旦遇到较难的任务，就会试图通过作弊来维持成人所给予的这种积极评价。

值得注意的是，在本节的研究中，不同的表扬方式对 3 岁和 5 岁儿童产生的影响是一致的，即无论是 3 岁还是 5 岁的儿童，在受到能力表扬后其作弊行为均显著增加。这一发现表明，3 岁儿童就已经能够明确区分能力表扬和行为表扬之间的差异。正如上一节研究已证实的，3 岁儿童对于"聪明"一词已具有敏感性，会为了维护"聪明"的形象而作弊。此外，本节研究同样发现了性别效应：男孩的作弊率普遍高于女孩。这在一定程度上重复了之前的研究结果。

结合本章之前的研究结果，我们应充分认识到，表扬事实上是一门很深的学问。给予儿童能力方面的表扬，就等于告诉儿童，成功在很大程度上取决于个人能力这一相对稳定的特质，这与其他形式的表扬（比如表扬特定的行为或表扬努力）是非常不同的。表扬儿童聪明，或是告诉儿童"他/她在他人眼中是一个聪明的孩子"，容易使儿童相信"我是一个聪明的孩子"，进而体会到"聪明"背后的压力。为了维持自己"聪明"的形象，甘愿冒风险做出违规行为。与之相反，对儿童的行为或成功事件本身给予表扬，不会给其造成"维持聪明形象"的压力，因而也不会产生消极后果。因此，家长、教师和其他教育工作者不仅要谨慎表扬，当心表扬的"陷阱"，更应学习如何正确表扬，学好表扬这门学问。

第五节 无意中听到的评价对儿童早期作弊行为的影响

一、研究背景

近一个世纪以来,大量研究者考察了直接性言语评价对儿童行为方式的影响。例如,给予儿童有关其表现的直接评价与反馈,会对其在数学、体育等多个领域的学习行为和成绩表现产生影响(Annett,1969;Brown,1932;Getsie,Langer,Glass,1985;Kluger & DeNisi,1996;Sullivan,Kantak,Burtner,2008)。在本章的第二至四节内容中,探讨的也都是直接性言语评价对儿童诚信/作弊行为的影响。例如,研究发现,相较于表扬儿童"做得好"或不给予儿童任何表扬,表扬儿童聪明会导致更多作弊行为,且这种负面效应在 3 岁儿童中就已显现。

与直接性言语评价不同,目前为止,对于间接性言语评价(例如,儿童无意中听到了别人对同伴的评价)对儿童道德行为可能存在的潜在影响,鲜有研究涉及。然而,在现实生活中,我们经常能在不同场合听见人们对不在场的他人的评价,比如教师会在课堂上表扬其他班的某名同学,父母会在家中评价"邻居家的孩子"等。所以,这就产生了一个非常有趣的问题——如果儿童无意中听到成人表扬另一名不在场的同伴"很聪明",那么其作弊行为是否也会受到影响呢?

已有研究表明,间接性言语信息能够对儿童的语言学习产生极其深远的影响(Akhtar,2005;Akhtar,Jipson,Callanan,2001;Au et al.,2002;Floor & Akhtar,2010;Oshima-Takane,Goodz,Derevensky,1996)。例如,在 Akhtar、Jipson、Callanan(2001)开展的一项研究中,研究者将 2 岁儿童

随机分配到直接学习和间接学习两个条件中。在直接学习条件中,研究者直接给儿童讲解某个儿童从未接触过的并被突出显示的新单词;而在间接学习条件中,则让儿童听见研究者 A 为研究者 B 讲解同一个被突出显示的新单词。研究发现,间接学习条件下的儿童与直接学习条件下的儿童在后续测试中表现得同样出色。这表明,儿童有能力从间接性言语信息中进行学习。后续研究还发现,即使让儿童同时从事其他无关的活动,且在未将新单词突出显示的情况下,2 岁儿童在听到研究者 A 为研究者 B 讲解新单词后,依然在后续测试中表现出色。此外,间接性言语信息也被发现可以影响其他方面的语言学习,如代词(Oshima-Takane,Goodz,Derevensky,1996)和口音学习(Au et al.,2002)等。

除了言语学习之外,研究表明,间接性言语信息也会影响儿童在其他领域的行为(Phillips,Seston,Kelemen,2012;Repacholi & Meltzoff,2007)。例如,Phillips、Seston、Kelemen(2012)的研究发现,2 岁和 3 岁儿童可以通过间接性言语信息快速地了解不同工具的功能分类(例如,刀是用来切割物体的)。再如,Repacholi 和 Meltzoff(2007)的研究发现,18 个月大的婴儿已会根据间接性言语信息来调整自己的行为。在该研究中,研究者首先让 18 个月大的婴儿观看了成人 A 对某件物品做出某种行为后成人 B 所表现出愤怒或中性情绪的场景,而后让婴儿触摸该物品。结果发现,看到愤怒情绪的婴儿在成人 B 在场时更不倾向于模仿成人 A 的行为(Repacholi & Meltzoff,2007)。可见,无意间获得的言语信息对儿童的许多行为都存在一定的影响。

综上,迄今为止,尚未有研究考察间接性言语信息对儿童道德行为的影响。为此,笔者开展了以下实证研究,旨在探讨在无意中听到同伴被表扬"聪明"后,3 岁和 5 岁的儿童是否更倾向于作弊。

二、研究方法

本研究在我国东部某城市的一所幼儿园中招募了 200 名儿童,其中包括 100 名 3 岁儿童(其中,50 名男孩)和 100 名 5 岁儿童(其中,50 名男孩)。研究采用的依然是抵制诱惑范式中的猜纸牌游戏,且为了将作弊率的基线水平控制在 50% 左右,在实验流程中增加了"要求儿童做出不作弊的口头承诺"这一操纵。两个年龄组的儿童被随机分配到"同伴被表扬组"和"控制组"两个实验条件(每个条件各有 50 名 3 岁儿童和 50 名 5 岁儿童)。

为实现对"间接性言语评价"的实验操纵,在本研究中,除涉及参与实验的儿童被试外,还包括其他三个角色:与被试性别相同的另一名陌生儿童 Y(游戏过程中,儿童 Y 并不在实验现场)、与被试玩猜纸牌游戏的实验者 A 和另一名实验者 B。实验者 B 会在实验者 A 与被试开始玩游戏时打断游戏,并与实验者 A 进行简短对话,而这一对话恰好被坐在一旁的被试"无意间"听见。简短对话之后,实验者 B 离开教室,由实验者 A 继续与被试玩猜纸牌游戏。

两个实验条件中实验者 A 和实验者 B 交谈的关键内容如下(除以下内容外的其他实验流程和指导语在两个实验条件间保持一致)。

同伴被表扬组:实验者 B 首先问道:"你觉得 Y 表现得怎么样?"实验者 A 答道:"Y 是一个聪明的孩子。"即被试无意中听到实验者 A 给予其同伴有关能力的表扬。

控制组:实验者 B 问道:"你觉得房间的温度怎么样?"实验者 A 答道:"刚刚好。"即被试无意中听到的对话内容不涉及任何有关同伴的评价。

为了确保被试听到了两名实验者的上述对话,在实验结束后,实验者 A

会询问儿童,"游戏刚开始时,我和那位老师交谈的过程中,你听到了什么"。所有儿童或直接或通过追问,都能够正确回忆起上述对话内容(即同伴被表扬组的儿童都提到了"Y很聪明";控制组儿童都提到了"房间的温度"),这表明,以上实验操纵是成功的。

三、研究结果

3岁和5岁儿童在不同条件下的作弊率如表2-6和图2-8所示。其中,5岁儿童在同伴被表扬条件和控制条件下的作弊率分别为68%和42%;3岁儿童在两个条件下的作弊率则分别为42%和46%。

表2-6 各条件下不同年龄、性别儿童的作弊率情况

条件	3岁儿童 ($n=100$)		5岁儿童 ($n=100$)		全体 (n=200)
	男孩 ($n=50$)	女孩 ($n=50$)	男孩 ($n=50$)	女孩 ($n=50$)	
同伴被表扬组	36%	44%	84%	52%	55%
控制组	52%	40%	52%	32%	44%

在此基础上,进行二元逻辑回归分析。与前文类似,以实验条件、年龄组、性别及其所有交互作用为预测变量,以是否作弊为结果变量,分析显示,最终回归模型显著($\chi^2=15.12$, $df=1$, $p=0.001$, $-2\text{loglikelihood}=262.06$, Nagelkerke $R^2=0.097$)。无论是条件、年龄组、性别的主效应还是其二阶交互均不显著,但条件、年龄组和性别的三阶交互作用显著($\beta=1.90$, SE $\beta=0.57$, Wald $\chi^2=11.25$, $df=1$, $p=0.001$, $OR=6.68$, 95% $CI=[2.20, 20.28]$)。

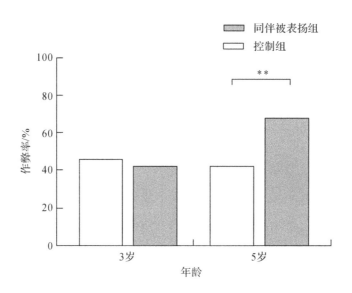

图 2-8　3 岁和 5 岁儿童不同条件下的作弊率

注:**表示 $p < 0.01$。

为了进一步解释交互作用,笔者对两个年龄组的数据分别进行了类似的二元逻辑回归分析。对于 5 岁组而言,逻辑回归模型拟合且显著($\chi^2 = 14.37, df = 2$, $p = 0.001$, $-2\mathrm{loglikelihood} = 123.26$, Nagelkerke $R^2 = 0.18$)。其中,条件主效应显著,5 岁儿童在同伴被表扬条件下的作弊率显著高于控制条件下的作弊率(68% vs 42%;$\beta = 1.17$, SE $\beta = 0.44$, Wald $\chi^2 = 7.07$, $df = 1$, $p = 0.008$, $OR = 3.21$, 95% $CI = [1.36, 7.59]$)。该结果表明,无意中听到同伴被表扬"聪明",5 岁儿童的作弊行为会增加。此外,性别主效应也较为显著,5 岁男孩在两个条件下的作弊率均显著高于 5 岁女孩($\beta = 1.17$, SE $\beta = 0.44$, Wald $\chi^2 = 7.07$, $df = 1$, $p = 0.008$, $OR = 3.21$,

$95\% CI = [1.36，7.59]$）。该结果进一步验证了之前两节研究中发现的性别效应。

另外，研究同样使用逻辑回归分析，考察不同条件、不同性别的3岁儿童的作弊率是否存在显著差异。结果发现，回归模型均不拟合也不显著（$ps > 0.1$）。该结果与5岁组不同，表明无意中听到的有关同伴的能力表扬对3岁儿童并未产生影响。

此外，研究还考察了不同实验条件、不同年龄组和不同性别儿童的作弊潜伏期是否存在差异，但结果并未发现任何显著差异（$ps > 0.1$）。

四、讨论与启示

总的来说，本研究首次考察了无意中听到的有关不在场同伴的言语评价信息对儿童道德行为的影响。研究发现，当儿童无意中听到同伴被表扬"聪明"后，其作弊行为会显著增加，但这种效应因年龄而异，即在5岁儿童中存在，但在3岁儿童中却并未显现。上述结果是对本章之前所介绍的研究的进一步扩展，表明至少对于5岁儿童来说，无论是有关自身的直接表扬，还是无意中听到的有关同伴的表扬，"聪明"这一能力评价信息均会导致儿童更倾向于作弊。

将本节的研究结果与之前的研究结果进行对比发现，分别有40%的3岁儿童和68%的5岁儿童在无意中听到同伴被表扬"聪明"后做出了作弊行为；而在之前的研究中，分别有62%的3岁儿童和58%的5岁儿童在被表扬"聪明"后选择了作弊。从中发现，直接的能力表扬增加了3岁儿童的作弊行为，但间接的能力表扬对他们的作弊行为并未产生影响。

那么为何直接评价和间接评价对3岁儿童产生了不同的影响，而对5岁儿童的影响又趋于一致？

一种解释是，无意中听到的他人之间的对话（即间接评价的情境）往往需要更高的信息理解和处理能力，而3岁儿童可能还不具备这样的能力。在直接评价情境中，交流的场景只包括儿童和1名实验者。在本研究中，交流场景涉及4个人：除了儿童和1名实验者外，还增加了另1名实验者和评价对象——不在场的同伴。根据以往的研究，即使是5岁儿童，其认知发展水平可能也不足以处理这种复杂情境下的言语交流信息。然而，事实证明，5岁儿童已经具有理解和处理复杂的多方互动情境下言语交流信息的认知能力，并且知道自己可以从这些间接评价信息中获得有利于自己的线索（例如，同伴很"聪明"，这意味着我同样应该很"聪明"，或者至少不能显得"太笨"）。可见，5岁儿童可能已经具备了一定的社会比较能力[①]或内群体意识。[②] Morris 和 Nemcek(1982)发现，社会比较能力是逐步发展起来的，4岁儿童只能意识到不同儿童的能力存在差异，而5岁儿童能够正确地进行社会比较，即将自己和同伴按照表现或能力进行排序。同时，Aboud（2003）发现，内群体偏好在儿童5岁左右也开始出现，这意味着此时儿童已经开始具有内群体意识。而上述研究结果恰恰与这些发现是一致的。

另一种解释是，儿童将自我作为社会认知的起点，3岁儿童只对有关自身能力的信息敏感，随着年龄的增长，认知水平不断提高，才开始逐步关注到他人的能力也可作为衡量自身能力的标准。该解释存在一定的合理性。之

---

① 社会比较能力(social comparison)：个体在缺乏客观依据时，以他人的信念、态度、意见等作为自我评价的标杆。

② 内群体意识(ingroup consciousness)：不希望自己表现出与群体内成员行为或观念不一致性的特质。

前涉及的直接评价与本研究涉及的间接评价存在许多差异,且这些差异不仅体现在交流形式上(直接获得 vs 无意中听到),也体现在被评价的目标上(儿童自身 vs 陌生同伴)。因此,从结果上看,3 岁儿童在听到成人表扬自己聪明后更倾向于作弊。当然,即便如此,也不排除同时存在第一种解释的可能性,即处理关于他人的信息本质上比处理有关自身的信息更为复杂,对儿童认知发展水平的要求更高,且相较于直接交流的情境,在涉及多方的交流情境中处理所听到的信息可能会更复杂。

研究结果还为进一步考察间接言语评价信息如何影响儿童的道德行为提供了重要实证依据。正如前文所述,以往关于这一主题的研究主要集中于考察无意中听到的谈话如何促进儿童认知、语言和情感方面的学习(Akhtar,2005;Akhtar,Jipson,Callaran,2001;Floor & Akhtar,2010;Phillips,Seston,Kelemen,2012;Repacholi & Meltzoff,2007)。而本研究表明,无意中听到的谈话对儿童的道德行为也会产生意想不到的影响。

此外,本研究结果还发现扩展了以往有关"小道消息"(gossip)的研究成果(Eder & Enke,1991;Gottman & Mettetal,1986;Hill,2007;Ingram & Bering,2010)。无意中听到不在场的同伴被表扬"聪明",可以被看成是一种"小道消息"。小道消息通常被定义为"人们所谈论和分享的关于不在场第三方的评价性信息"(Dunbar,1996;Foster,2004)。以往研究表明,在大约 8 岁时,儿童逐渐开始使用"小道消息"来帮助其更好地应对某些社会情境,例如,据此来推断哪些行为是符合社会规范的,哪些行为又是与社会规范相冲突的(Aikins,2015;Hill,2007)。本研究的结果表明,事实上,5 岁儿童似乎也有能力通过"小道消息"来获得信息,从而调整自己的行为方式。

　　未来的研究需要进一步考察"有关他人的能力评价导致作弊行为增加"这一效应的潜在机制。如前文所述,无意中听到同伴被表扬"聪明"很可能导致儿童做出"实验者高度重视'聪明'"或"'聪明'是一种被高度重视的特质"这一推断,进而激发其社会比较的需要。未来的研究可以尝试通过更精巧的实验设计,来验证这些可能性,进而使社会比较的影响独立出来,重点探索社会比较在其中究竟扮演着什么样的角色。

　　未来的研究也需要通过进一步扩大样本量,来考察儿童作弊行为的性别差异。在本研究中发现,5岁男孩的作弊率显著高于女孩,这与之前研究中所获得的结果一致,也与部分针对成人作弊行为的研究结果一致(Alm, Jackson, McKee, 2009; Bucciol, Landini, Piovesan, 2013; Tibbetts, 1999)。然而,在本研究中,合并了3岁和5岁儿童的所有数据后并未发现显著的性别效应,而在仅存的实验条件、年龄组和性别的三阶交互作用中也并未发现任何一个年龄组中存在类似的性别效应。这很可能是现有的样本量不足所导致的。这一猜想在针对上述三阶交互作用所做的统计功效分析中得到了证实(Zhao et al., 2019)。与此同时,未来的研究还可以继续探究无意中听到的有关同伴其他方面的表扬可能对儿童作弊行为产生的影响,例如,表扬同伴诚实守规,可能会获得不一样的结果。此外,无意中听到的有关同伴的批评是否对儿童的作弊乃至其他道德行为产生影响也是非常值得研究的主题,尽管其面临着伦理方面的巨大挑战,但这是儿童在日常生活中经常会遇到的情境。未来需要考虑如何通过巧妙的实验设计,在避免伦理挑战的同时来对这些主题进行充分探究。若能实现,它将帮助我们更全面地理解间接评价信息在儿童道德社会化过程中的作用。

　　总之,本研究首次发现,5岁儿童在无意中听到同伴被夸奖"聪明"后更加倾向于作弊。这一结果表明,有关能力的声誉或表扬信息可能带来的负面影响不仅局限于信息的直接接收者,还会进一步延伸到作为旁观者的其他儿童。换个角度讲,研究表明,无意中听到与自身无关的言语评价信息同样是塑造儿童道德行为的重要力量源泉。

　　本研究结果具有重要的教育启示作用。在日常生活或教学环境中,父母和教师需要格外注意并妥善运用"聪明"一词来夸奖或鼓励儿童。众所周知,"聪明"之类的评价经常会在各种场合出现。也就是说,身处社会大环境中的儿童无时无刻不受到这类间接性评价信息的影响。所以,不仅要注意这些评价信息对评价对象本身的影响,更要注意这些信息对情境中其他儿童的潜在负面影响,并尽量减少在儿童面前做出类似的评价,如表扬他人"聪明"。此外,鉴于"聪明"一词在日常生活中使用频率非常高,故很有必要在父母、教师和其他教育工作者中加强对"聪明"之类的评价信息可能造成的负面影响的宣传。最新研究也发现,表扬"聪明"会使儿童贬低努力的价值,并影响其能力观。所以,需要有意识地减少"聪明"一词的使用频率,转而更客观地评价儿童的实际表现。譬如,我们可以表扬儿童"你很努力,把这些题目都做对了",而不是表扬儿童"你很聪明,把这些题目都做对了"(Zhao et al.,2022)。

第六节　本章小结

　　综上所述,本章围绕着社会环境因素,通过一系列实证研究先后发现了承诺、声誉信息、表扬以及间接性言语评价对儿童早期作弊行为的影响,并阐述了如何采用微妙的言语信息来对儿童的作弊行为进行干预,促进其诚信品质和诚信行为习惯的养成。

在第一节中,探究了承诺对于儿童早期作弊行为的影响。在实证研究中发现,让儿童做出"我保证不作弊"的承诺可以有效减少5—7岁儿童的作弊行为,但该效应在4岁及以下儿童中并不明显。此外,让儿童做出更易理解的、有关预设行为的口头承诺("我将不会作弊"),可以显著减少3—5岁儿童的作弊行为。该研究结果启示我们,在日常生活中,可以通过让儿童做出口头承诺的方式来减少其作弊行为。

在第二节中,探究了"好孩子"这一声誉信息对儿童早期作弊行为的影响。研究发现,维持积极声誉的需要可以有效减少3岁到5岁儿童的作弊行为。该研究结果启示我们,家长、教师和教育工作者可以通过向儿童提供"好孩子"声誉信息来帮助其抵制诱惑,减少作弊行为。

在第三节中,探究了"聪明的孩子"这一声誉对儿童早期作弊行为的影响。研究发现,维持"聪明"这一积极声誉不仅不能减少作弊,还会增加儿童的作弊行为,且这一效应在3岁儿童中就已显现。该研究结果启示我们,在日常生活中应引导儿童关注自身可改变的品质,例如"努力""仔细""肯用心"等行为过程相关的品质,而不能盲目地夸奖儿童"聪明",否则会起到适得其反的作用。

在第四节中,探究了成人给予儿童的直接言语表扬对儿童早期作弊行为的影响。研究发现,表扬儿童聪明会导致其作弊行为增加,并且这一效应同样在3岁儿童中就已显现。该研究结果启示我们,在表扬儿童时,要注意表扬的内容,使用不恰当的言语表扬可能会与我们的初衷背道而驰,反而不利于儿童诚信行为习惯和诚信品质的培养。

在第五节中,探究了间接性言语评价对儿童早期作弊行为的影响。研究发现,在无意中听到同伴被表扬聪明后,儿童的作弊行为会显著增加;且这一效应因年龄而异,即在 5 岁儿童中存在,在 3 岁儿童中不存在。该研究结果启示我们,即使是非直接传达给儿童的、与儿童自身并无关系的能力评价,也同样会增加儿童的作弊行为。因此,我们需要更加注意此类间接性评价信息可能对儿童造成的潜在负面影响,并尽量减少在儿童面前做出类似的评价。

总结来说,上述研究结果共同表明,在诚信教育的过程中,仅通过恰当运用一些社会言语信息,就能够有效减少儿童的早期作弊行为,培养其诚信行为。上述研究结果不仅为未来诚信教育提供了更加方便且高效的实践手段,也为进一步探究社会环境因素对儿童作弊行为的影响提供了新的科学依据。

第三章

物理环境线索与儿童早期作弊行为

　　上一章探讨了社会环境因素对儿童早期作弊行为的影响,本章将关注物理环境因素如何影响儿童早期的作弊行为。物理环境是一个被忽略已久,其影响却无处不在的因素。事实上,早在 1995 年,Genereux 和 McLeod(1995)就曾通过问卷法调查发现,在大学生群体中,考场内考生之间的距离与作弊行为的发生率呈负相关关系。该研究揭示了物理环境因素很可能是影响作弊行为的重要因素之一。但遗憾的是,后续并未发现有实证研究持续关注这一可能性。直到 2019 年,笔者开始尝试探索物理环境的改变是否会影响儿童的作弊行为。随后的四年间,通过一系列实验研究,最终揭示了物理环境是影响儿童作弊行为的重要因素(Zhao et al. ,2020,2021,2022)。

　　笔者的一系列研究以诺贝尔经济学奖得主 Thaler(塞勒)提出的助推理论(nudge theory)为核心框架。该理论认为,在现实生活中,个体通常运用直觉思维系统进行决策,但决策的过程很容易受到周遭环境的影响。因此,通过对周遭环境进行一些细微的改动,就有可能在不限制个体自由选择的前提下,改变个体的行为倾向(Thaler & Sunstein,2008)。而这种细微的变化既可能来自一些社会信息(包括言语性社会信息和情境性社会信息等),也可能来自周遭的物理环境。例如,曾有研究发现,要求个体在开始某项任务前,抄写十条有关道德规范的宗教戒律(如不杀生、不偷盗等),能够降低个体在随后任务中作弊的概率(Mazar,Amir,Ariely,2008)。类似的社会信息启动效应在儿童中同样存在。研究发现,3岁至7岁的儿童在听了讲真话能够带来好处的故事后,会表现得更加诚实(Lee et al.,2014)。另外,来自周遭环境的助推更是屡见不鲜。例如,在草坪周围安置栅栏能够减少人们踩踏草坪的频率;在超市的收银台前摆放如口香糖等小件商品,能够增加这些商品的销量;在公共场所的入口处摆放自助免洗消毒液,可以增加人们洗手的频率等。总的来说,与传统的行为干预方法相比,助推理论视野下的干预方法具有更高的可实践性:只需花费少量成本,就可取得显著成效,而且助推对上述行为的改变是个体自觉自愿做出选择的结果,而非强迫之下的结果。

为此,笔者通过行为实验法,从"环境助推"的视角考察物理环境因素与儿童早期作弊行为间的关系,旨在为进一步探索儿童作弊行为发生、发展的影响因素及其机制提供更多依据。具体而言,研究采用数数测试范式,通过对儿童周围的物理环境进行微妙的改变,考察作弊对象(在本章研究中均为测验的标准答案)的可及性、可见性,以及儿童之间的空间划分对儿童早期作弊行为的影响。

在第一节中,通过改变答案摆放的位置,操纵答案与儿童之间的物理距离以及答案的清晰度,考察答案的可及性对儿童早期作弊行为的影响。

在第二节中,将答案与儿童间的物理距离固定,通过操纵答案的可见性考察其对儿童早期作弊行为的影响。

在第三节中,我们通过在儿童和答案之间设置物理和想象的屏障,来考察空间划分对儿童早期作弊行为的影响。

第一节 可及性助推对儿童早期作弊行为的影响

一、研究背景

在助推理论中,有一种非常普遍的助推方法,即操纵"可及性"(accessibility)这一环境线索。可及性是指个体对其在特定环境中获得某一物品或实现某一目标的难易程度的感知。这一概念最早出现在饮食健康研究领域。研究人员试图寻找各种可能有效减少个体对不健康或高热量食物的摄入从而缓解肥胖症的方法,其中,改变食物的可及性被认为是一种行之有效的方法。研究表明,减少高热量食物的可及性,可以减弱其对个体的直接诱惑力,帮助个体抵制美食的诱惑,从而减少对此类食物的摄入(Cole,Dominick,Balcetis,2021;Rozin et al.,2011)。

改变目标的可及性主要可以通过改变其接近性(proximity)和可见性(visibility)两个方面来实现。研究发现,降低个体与目标之间的接近性(即物理距离)和可见性(即目标对个体而言清晰可见的程度),能够有效减弱个体对目标可及性的感知。例如,将装有巧克力的透明容器换成不透明容器(即降低可见性),或将装有巧克力的容器从个体面前转移到距离个体2米以外的桌子上(即增加物理距离)都能让人更容易抵制住巧克力的诱惑,进而减少巧克力的摄入量(Wansink,Painter,Lee,2006)。

然而,有关可及性助推的作用,以往研究主要集中在饮食健康等领域,尚未有实证研究将这一助推方式与作弊等违规行为联系在一起。因此,本研究通过一系列实验改变作弊对象(答案)的可及性,进而考察其是否以及如何对儿童的作弊行为产生影响。

二、研究方法

本研究采用数数测试范式。简单来说,儿童需要完成一项具有挑战性的数数测试,并在没有他人在场的情况下,确保独立完成且不偷看、抄袭放在附近的答案。由于数数测试中包含了儿童凭借自身能力无法正确作答的超难题,故儿童若想确保成功(全部做对),就需要做出违反规则的作弊行为。

本研究在我国东部某城市的两所幼儿园招募了共计 500 名 5—6 岁儿童,其中男孩 250 名。所有儿童被随机分配到 10 种不同的实验条件中(每个实验条件下各有 50 名儿童,其中男女各半)。

首先,通过改变答案与儿童之间的距离来操纵答案的可及性,以此考察改变答案的可及性是否会影响儿童的作弊行为。具体来说,对两张桌子(一张为儿童答题时使用的桌子,另一张为放置答案的桌子)之间的距离进行操纵(见图 3-1)。根据桌子之间的距离远近,共区分出以下四种实验条件。

(a) 0.6 米组　　(b) 1 米组　　(c) 2 米组　　(d) 3 米组

图 3-1　0.6 米组、1 米组、2 米组和 3 米组

0.6 米组、1 米组、2 米组和 3 米组:两张桌子的间距分别为 0.6 米(一张

桌子的宽度)、1 米、2 米和 3 米。

其次,考虑到改变答案与儿童之间的距离将同时改变答案的接近性和可见性(答案的清晰度将随答案与儿童之间距离的改变而改变),又增加了以下四个实验条件,尝试将接近性与可见性的影响加以分离。如图 3-2 所示,在这四个实验条件中,通过改变答案的大小,来分别考察当答案高度清晰可见(可见性达到最大,如 0.6 米放大组和 1 米放大组)或高度不可见(可见性降至最低,如 0.6 米缩小组和 1 米缩小组)时,接近性是否会影响儿童的作弊行为。

(a) 0.6 米放大组 (b) 1 米放大组 (c) 0.6 米缩小组 (d) 1 米缩小组

图 3-2　0.6 米放大组、1 米放大组、0.6 米缩小组和 1 米缩小组

0.6 米放大组:答案被放大至原来的 200%,[①]两张桌子间隔 0.6 米。

1 米放大组:答案被放大至原来的 200%,两张桌子间隔 1 米。

0.6 米缩小组:答案被缩小至原来的 25%,[②]两张桌子间隔 0.6 米。

1 米缩小组:答案被缩小至原来的 25%,两张桌子间隔 1 米。

最后,虽然在答案高度可见和高度不可见的情况下,答案的清晰度对于儿童而言都是同样很高或者同样很低的,但由于答案和儿童之间的距离在改

---

① 预实验发现,当答案放大到原来的 200% 后,无论两张桌子之间的间隔是 0.6 米还是 1 米,儿童坐在座位上通过转头都能看清楚另一张桌子上的答案。

② 预实验发现,当答案缩小至原来的 25% 后,无论两张桌子之间的间隔是 0.6 米还是 1 米,儿童坐在座位上仅通过转头均无法看清楚另一张桌子上的答案,必须站起来走上前去才能看清楚。

变(0.6 米 vs 1 米),故依然不能排除可见性在其中发挥了作用这一可能性,即仅操纵答案大小仍然会存在接近性和可见性同时发生改变的可能性。因此,后续还增加了以下两个实验条件。如图 3-3 所示,在这两个条件中,将答案放大至原来的 800%,并将答案与儿童的距离固定在 2 米,然后通过改变答案的位置(桌面 vs 地面),[①]进而改变答案和儿童视线构成的角度(即改变答案的可见性),以考察在接近性保持不变的情况下,可见性对儿童作弊行为的影响。

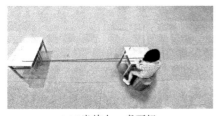 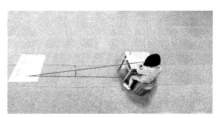

(a) 2 米放大—桌面组　　　　　　　(b) 2 米放大—地面组

图 3-3　2 米放大—桌面组和 2 米放大—地面组

2 米放大—桌面组:两张桌子间隔 2 米,答案被放大至原来的 800%,放于桌面。

2 米放大—地面组:两张桌子间隔 2 米,答案被放大至原来的 800%,放于地面。

在上述实验条件中,不仅考察了儿童的作弊行为(是否偷看、抄袭答案),还考察了作弊方式,即儿童是在座位上通过转头或身体前倾偷看答案,还是

①　通过预实验发现,当答案放大至原来的 800%,且两张桌子之间的间隔为 2 米的情况下,若将答案放在桌面上,由于视角问题儿童坐在座位上无法看清楚答案;若将答案放于地面上,儿童坐在座位上仅通过转头就能看清楚。

离开座位、站起来甚至走上前去偷看答案。

三、研究结果

首先分析 0.6 米、1 米、2 米及 3 米条件下儿童的作弊行为。0.6 米、1 米、2 米及 3 米这四个条件下的作弊率分别为：52％、30％、18％和 28％。二元逻辑回归分析发现，仅条件的主效应显著（Wald $\chi^2 = 13.34$, $df = 3$, $p = 0.004$）。其中，儿童在 0.6 米条件下的作弊率显著高于 1 米（$\beta = -0.93$, SE $\beta = 0.42$, Wald $\chi^2 = 4.90$, $df = 1$, $p = 0.027$, $OR = 0.40$, 95％ $CI = [0.17, 0.90]$）、2 米（$\beta = -1.60$, SE $\beta = 0.46$, Wald $\chi^2 = 11.82$, $df = 1$, $p = 0.001$, $OR = 0.20$, 95％ $CI = [0.08, 0.50]$）及 3 米（$\beta = -1.03$, SE $\beta = 0.42$, Wald $\chi^2 = 5.85$, $df = 1$, $p = 0.016$, $OR = 0.36$, 95％ $CI = [0.16, 0.82]$）条件下的作弊率，但 1 米、2 米和 3 米条件下的作弊率两两均不存在显著差异（$ps > 0.10$，见图 3-4）。可见，通过操纵儿童与答案间的距离，进而改变答案的可及性，能够减少儿童的作弊行为。

与此同时，本研究对 0.6 米组、1 米组、2 米组及 3 米组儿童的作弊方式进行了分析。卡方分析表明，不同条件下的偷看方式存在显著差异（$\chi^2 = 8.23$, $df = 3$, $p = 0.042$）。具体表现为，1 米条件下选择离开座位、站起来或走上前去偷看的儿童（80％）显著多于 0.6 米条件（69％，见图 3-5）。

该结果表明，答案的可及性不仅影响儿童的作弊率，还对儿童的作弊方式产生了影响。

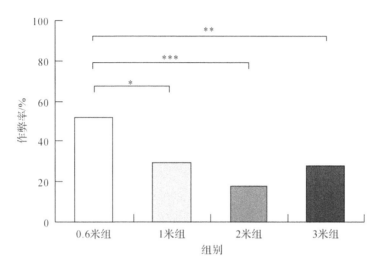

图 3-4　0.6 米、1 米、2 米和 3 米条件下儿童的作弊率

注:*表示 $p<0.05$；**表示 $p<0.01$；***表示 $p<0.001$。

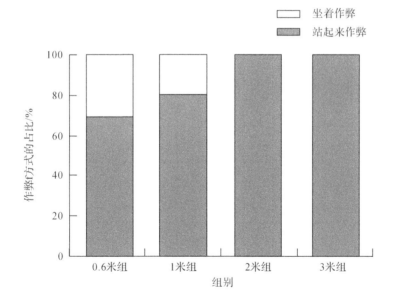

图 3-5　0.6 米、1 米、2 米和 3 米条件下儿童采用的两种作弊方式的占比

　　而后,研究分别考察了 0.6 米放大和 1 米放大,以及 0.6 米缩小和 1 米缩小条件下儿童的作弊行为。如图 3-6 所示,将答案放大至原来的 200%,儿童在 0.6 米放大和 1 米放大条件下的作弊率分别为 54% 和 52%。卡方分析表明,两者无显著差异($\chi^2 = 0.04$, $df = 1$, $p = 0.841$)。与此同时,在 0.6 米放大和 1 米放大两个条件下,各有 14.8% 和 53.8% 的作弊儿童离开座位、站起来或走上前去偷看(见图 3-7)。二元逻辑回归分析显示,仅条件的主效应显著($\beta = 1.90$, SE $\beta = 0.67$, Wald $\chi^2 = 8.08$, $df = 1$, $p = 0.004$, $OR = 6.71$, 95% $CI = [1.81, 24.92]$)。这表明,即使答案高度清晰可见,依然有很多儿童在1米条件下离开座位、站起来或走上前去偷看答案。

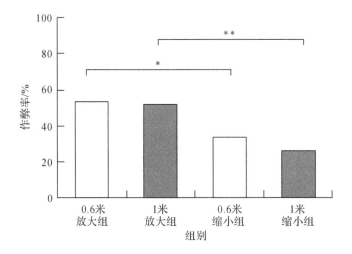

图 3-6　0.6 米放大和 1 米放大及 0.6 米缩小和 1 米缩小条件下儿童的作弊率

注:*表示 $p < 0.05$;**表示 $p < 0.01$。

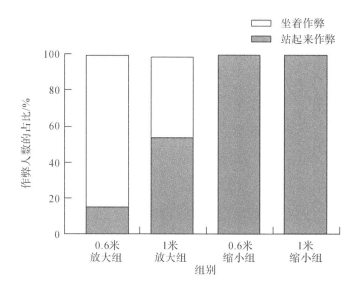

图 3-7 0.6 米放大和 1 米放大及 0.6 米缩小和 1 米缩小条件下
儿童采用的两种作弊方式的占比

另外,将答案缩小至原来的 25%,儿童在 0.6 米缩小和 1 米缩小条件下的作弊率分别为 34% 和 26%。卡方分析表明,两者无显著差异($\chi^2 = 0.76$,$df = 2$,$p = 0.383$)。并且,在这两个实验条件下,所有作弊的儿童均选择了离开座位、站起来或走上前去偷看答案。

对上述四个放大和缩小条件的分析可见,当改变答案的大小使之高度可见或不可见(即将答案的可见性保持不变)时,答案与儿童间距离的改变(0.6米 vs 1 米)对儿童的作弊行为不存在影响。而在答案被放大至原来的200%,即高度可见的情况下,儿童的作弊方式依然在 0.6 米和 1 米间存在差异,说明在控制答案可见性的情况下,距离(接近性)对儿童的作弊方式仍然存在影响。为了更好地区分可见性和接近性的作用,研究将这四个条件的数据合并,采用二元逻辑回归分析,综合考察答案大小、答案距离儿童的远近对儿童作弊行为的影响。结果表明,最终回归模型显著($\chi^2 = 11.55$,$df = 2$,$p = 0.003$,Nagelkerke $R^2 = 0.08$)。答案大小的主效应显著($\beta = -0.97$,SE $\beta = 0.30$,Wald $\chi^2 = 10.69$,$df = 1$,$p = 0.001$,$OR = 0.38$,$95\% CI = [0.21, 0.68]$)。具体表现为,答案被缩小至原来的 25% 情况下的作弊率显著低于答案被放大至原来的 200% 时的作弊率。答案距离儿童远近的主效应并不显著(0.6 米和 1 米作弊率分别为 44% 和 39%,$p > 0.1$)。总体而言,上述分析在一定程度上表明,接近性(答案距儿童的远近)并不是影响儿童作弊行为的主要因素。相反,可见性似乎发挥了更大的作用。

为了进一步将可见性和接近性的作用加以分离,研究最后对 2 米放大—桌面、2 米放大—地面这两个条件下儿童的作弊行为进行了分析。结果发现,将答案放大至原来的 800%,并保持答案与儿童间的距离为 2 米时,2 米—桌面和 2 米—地面两个条件下的作弊率分别为 22% 和 54%,且二元逻辑回归分析结果表明,两者差异显著($\beta = 1.43$,SE $\beta = 0.44$,Wald $\chi^2 = 10.32$,$df = 1$,$p = 0.001$,$OR = 4.16$,$95\% CI = [1.74, 9.94]$),即相较于答案放在桌面上(低可见性),答案放在地面上(高可见性)更能导致儿童产生作弊倾向。此外,对两个条件下儿童的作弊方式进行分析发现,2 米放大—桌面条件下作弊儿童均离开座位、站起来或走上前去偷看答案,这一比例显著高于 2 米放大—地面条件($\chi^2 = 12.80$,$df = 1$,$p < 0.001$)。上述结果表明,答案的可见性,而非接近性对儿童的作弊行为存在显著影响。

四、讨论与启示

在本研究中,我们首次考察了物理环境因素是否能够影响儿童的早期作弊行为,揭示了增加作弊对象——答案与儿童之间的距离,进而操纵答案对于儿童的可及性,能够有效减少儿童的作弊行为。在此基础上,研究还通过控制答案可见性(放大以使其高度可见或缩小以使其高度不可见)、改变其接近性(距离儿童远近),以及控制答案的接近性(保持距离不变)、改变其可见性(置于桌面或地面)两种方法,揭示了可见性(而非接近性)是影响儿童作弊行为的关键因素。据此,可以推断,答案的可见性是影响儿童早期诚信行为的主要原因。

目标的可见性之所以会影响儿童的作弊行为,是因为可见性较低意味着作弊需要付出较多的努力。以往许多研究者认为,作弊行为是否会发生,取决于个体对其可能获得的利益与可能付出的成本之间的估计和权衡。如果个体认为作弊的成本高于收益,那么会更倾向于保持诚信而不作弊(Graham,1994;Hollinger & Lanza-Kaduce,1996);相反,当情境因素有利于作弊时(即收益高于成本),比如考场内没有监考教师(被抓可能性几乎为零),那么个体会更倾向于作弊(Cizek,1999)。在本研究中,答案的可见性较低时,儿童选择作弊往往不仅需要付出较多的努力(例如,需要站起来甚至走过去才能看清楚答案,并且偷看一次未必就能看清楚),而且面临着更高的被抓风险。但如果仅仅将答案放得更远(即降低答案的接近性),却使其保持高度清晰可见(例如,将答案放大全原来的800%并放置在2米以外的地面上),那么儿童在作弊时就不需要付出太多的努力,并且作弊被抓的可能性也较低(偷看一次就能看清楚答案),因而也就更倾向于作弊。

总的来说,本研究将行为助推理论应用到儿童道德行为研究领域并证明其适用性,且研究结果与以往相关研究基本一致(Bryan,Master,Walton,

2014；Evans，O'Connor，Lee，2018；Fu et al.，2016；Lee et al.，2014；Zhao et al.，2017，2018）。这些研究大多考察了一些相对明显的社会情境因素是否可以促进人们做出道德行为，尽管这些因素往往被视为一种明显的社会信号，提醒儿童不要作弊。相对而言，本研究首次证实，即使没有任何社会信号，仅仅通过对儿童周遭物理环境进行微小和巧妙的改变，也同样可以有效减少作弊，助推儿童的诚信行为。

因此，在未来的教育实践中，我们不仅可以通过课堂或课后的言语信息传递来告诉儿童作弊是不道德和不可取的（即进行诚信意识教育），也可以通过对考试环境的微调来减弱儿童对答案（如同桌的试卷）可及性的感知，进而减少其作弊行为。

物理环境的范围非常之广。在未来的研究中，可以进一步探索除距离以外其他物理环境因素可能对儿童作弊行为产生的影响。例如，考场环境中的光照强度和考生距离光源的位置、桌椅的高度或类型、座位的舒适度、考试环境中的噪声、教室的整洁度、地板及墙面的颜色等环境因素，都可能是影响儿童对作弊难易程度感知的因素。

第二节　可见性助推对儿童早期作弊行为的影响

一、研究背景

之前，笔者探究了答案的可及性这一物理环境因素对儿童作弊行为的影响，发现答案是否清晰可见（即可见性）在可及性助推儿童诚信行为的过程中发挥着关键作用，而答案与儿童之间的距离（即接近性）却并未对儿童的作弊行为造成影响。因此,在本节中,笔者将答案直接放于儿童面前以使其接近性降至最低,从而专门深入探索答案的可见性将如何影响儿童早期作弊行为。

目标的可见性对个体行为的影响研究同样常见于健康饮食等领域。如之前提到的例子,若想控制人们吃巧克力的数量,只需要将摆放在桌面上(视线可见的范围内)的巧克力移至抽屉里(视线不可见)即可(Painter,Wansink,Hieggelke,2002)。借鉴这一研究发现,在本节中笔者通过使用不同类型的日常物品对答案进行遮盖,来达到操纵答案可见性的目的。

二、研究方法

本节的研究同样全部采用了数数测试范式,但为了消除接近性的影响,对该范式进行了一定的改变:不再将答案放置于与儿童相距一定距离的另一张桌子上,而是直接将其放置于儿童面前,如图 3-8 所示,通过在答案上方覆盖一定的物品,来实现对其的遮盖,从而改变其可见性。其中,使用到的物品有:透明塑料膜、不透明的纸、纸巾盒、纸巾盒彩照、纸巾盒简笔画。

研究在我国东部某城市的幼儿园中共招募了 300 名 5—6 岁的儿童(其中男孩 148 名,均为汉族)。所有儿童被平均且随机分配到以下 5 个实验条件中,每个条件 60 名儿童。

透明塑料膜组:在答案上放置了一张 A5 大小的透明塑料膜,用以遮盖答案。由于塑料膜是透明的,故答案即使被覆盖依然清晰可见,如图 3-8(a)所示。

不透明纸组:在答案上放置了一张 A5 大小的不透明纸,用以遮盖答案。这一条件下,答案因为被覆盖而不可见,儿童必须掀开纸才能看到答案,如图 3-8(b)所示。

(a) 透明塑料膜组

(b) 不透明纸组

(c) 纸巾盒组

(d) 纸巾盒彩照组

(e) 纸巾盒简笔画组

图 3-8　5 个实验条件的示意图

无论是透明塑料膜还是不透明纸,两者都具有二维的空间特征。为了考察遮盖物空间特征的多维性是否会对儿童作弊行为产生影响,故增加了以下纸巾盒组,以考察三维的纸巾盒是否较二维的不透明纸能进一步减少作弊行为。

纸巾盒组:在答案上放置了一个普通的空纸巾盒,用以遮盖答案。纸巾盒的底面大小与不透明纸的大小相近。这一条件下,答案因为被覆盖而不可见,儿童必须通过移动纸巾盒才能看到答案,如图 3-8(c)所示。

与不透明纸相比,纸巾盒不仅具有多维性,还会带给人一种重量感(因其具有一定的体积)。为了考察"重量"感知是否在其中起到作用,笔者又将三维的纸巾盒通过拍照和简笔画的方式进行了"降维"处理,增加了以下两个实验条件。

纸巾盒彩照组:在答案上放置了一张纸巾盒彩色照片,尺寸为 A5,用以遮盖答案。儿童必须掀开彩照才能看到答案,如图 3-8(d)所示。

纸巾盒简笔画组:在答案上放置了一张纸巾盒简笔画,尺寸为 A5,用以遮盖答案。儿童必须掀开简笔画才能看到答案,如图 3-8(e)所示。

三、研究结果

首先,如图 3-9 所示,儿童在透明塑料膜和不透明纸条件下的作弊率分别为 78.3% 和 60.0%,卡方分析显示,前者显著高于后者($\chi^2 = 4.73$, $df = 1$, $p = 0.03$)。这一结果再次表明,答案的可见性的确是影响儿童作弊行为的重要因素之一。

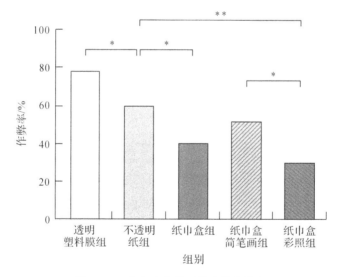

图 3-9　5 个实验条件下儿童的作弊率

注:*表示 $p < 0.05$;**表示 $p < 0.01$。

其次，在纸巾盒条件下，儿童的作弊率下降至 40.0%。随后，将该条件与前两个条件的数据合并进行二元逻辑回归分析。结果表明，实验条件主效应显著（Wald $\chi^2=17.16$，$df=2$，$p<0.01$）。其中，透明塑料膜组（78.3% vs 40.0%；$\beta=1.69$，SE $\beta=0.41$，Wald $\chi^2=17.05$，$df=1$，$p<0.001$，$OR=5.42$，95% $CI=[2.43, 12.101]$）和不透明纸组（60.0% vs 40.0%；$\beta=0.81$，SE $\beta=0.37$，Wald $\chi^2=4.74$，$df=1$，$p=0.03$，$OR=2.25$，95% $CI=[1.08, 4.67]$）的作弊率均显著高于纸巾盒组。上述结果表明，在答案上放置纸巾盒相较于放置不透明纸能够进一步减少儿童的作弊行为。

最后，在纸巾盒彩照和纸巾盒简笔画两个条件下儿童的作弊率分别为 30.0% 和 51.7%（见图 3-9）。卡方分析表明，彩色照片组的作弊率显著低于简笔画组（$\chi^2=5.83$，$df=1$，$p=0.016$）。进一步将这两个条件与纸巾盒以及不透明纸条件的数据合并进行二元逻辑回归分析。结果显示，条件主效应显著（Wald $\chi^2=12.19$，$df=3$，$p=0.007$）。其中，纸巾盒彩照组的作弊率显著低于不透明纸组（30.0% vs 60.0%；$\beta=-1.25$，SE $\beta=0.39$，Wald $\chi^2=10.55$，$df=1$，$p=0.001$，$OR=0.29$，95% $CI=[0.13, 0.61]$），但纸巾盒简笔画组与不透明纸组的作弊率并不存在显著差异（51.7% vs 60.0%；$\beta=-0.34$，SE $\beta=0.37$，Wald $\chi^2=0.84$，$df=1$，$p=0.359$，$OR=0.71$，95% $CI=[0.35, 1.47]$）。此外，无论是纸巾盒彩照组（30.0% vs 40.0%；$\chi^2=1.32$，$df=1$，$p=0.251$）还是纸巾盒简笔画组（51.7% vs 40.0%，$\chi^2=1.65$，$df=1$，$p=0.200$），其作弊率均与纸巾盒组无显著差异。上述结果表明，在降低儿童作弊行为发生率方面，纸巾盒彩照与纸巾盒实物具有相似的效果。

四、讨论与启示

在本研究中,笔者通过在答案上放置不同的物品作为遮盖物来进一步考察答案的可见性对儿童作弊行为的影响。研究再次证明了操纵可见性对于助推儿童诚信行为的效果,即相较于在答案上放置透明塑料膜,放置不透明纸和纸巾盒等不透明的物品均能有效减少儿童的作弊行为。

在此基础上,进一步探究了纸巾盒的二维表征(彩照和简笔画)是否同样能减少作弊行为。以往研究发现,年龄较小的儿童已能够对照片这类具有较强标志性的图片与简笔画这类标志性较弱的图片做出不同的反应(Callaghan, 2000; Frick & Newcombe, 2015; Simcock & DeLoache, 2006)。本研究也发现,在减少作弊方面,纸巾盒的彩照(而非简笔画)具有与纸巾盒一样的效果。

事实上,无论是不透明的纸还是纸巾盒,我们都可以轻松地将其拿开,那么,为何儿童相对更不愿意挪开它们偷看答案呢?一方面,这可能是因为儿童会将实验者放置的物品视为一种非语言信号(提醒儿童不要偷看答案)。日常生活中,纸巾盒这类物品往往被人们赋予"遮盖"功能,故其可能作为一种信号,强化了实验者在测试前告知儿童"不要作弊"这一口头警告,并暗示儿童不可挪开它们来偷看答案。以往研究也表明,18个月大的幼儿已经具备了推断他人的行为意图与目的的能力(Meltzoff, 1995)。当然,另一方面,即作弊成本的提高导致了儿童作弊率的降低。儿童可能意识到作弊需要付出一定的成本,因为若想作弊不仅需要移动遮盖物,还需要在移动后准确地将其放回原位。不仅如此,这一过程还增加了被抓的可能性。在1999年的一项经典研究中就曾发现,比起遵守"不许偷看答案"的规定,儿童更倾向于遵守"不许触碰答案"的规定（Polak & Harris，1999）。

另外，研究还发现，纸巾盒彩照和纸巾盒实物对于减少儿童作弊行为的效果是相当的，且均优于不透明纸。事实上，以往研究表明，物品的可供性是影响儿童做出相应行为的重要因素（DiYanni & Keleman，2008）。1977 年，Gibson 首次提出了"可供性"（affordance，或称"功能可见性"）这一概念，它是指环境中的物品本身会向人们传递一种隐含信息，这种信息能够增加不同个体对同一物品做出相同行为的可能性（通俗地说，就是"告诉"人们它能被用来做什么）。例如，手中握着一块砖头会让人不约而同地想要做出投掷的动作。同一物品也可能会在不同环境中传递出不同的隐含信息，进而影响个体的行为。例如，砖头若出现在一堵矮墙旁边，人们可能更倾向顺手将其垒在墙上而非投掷。研究结果表明，物品的可供性可能不仅仅存在于实物中，也存在于高度还原该物品外部特征的彩色照片中。

此外，本研究还发现，儿童对于某一物品的可操控性的判断，主要来源于经验（Kalénine & Bonthoux，2008；Kalénine，Bonthoux，Borghi，2009）。因此，比起一张常见的普通纸张，儿童很可能缺乏对于纸巾盒彩色照片的感知经验，所以可能更倾向于不去挪动它。

总的来说，本研究的结果进一步证实了可见性这一物理环境线索能够影响儿童的作弊行为，并且为降低儿童作弊行为提供了新的思路和实践指导。因此，为了更好地理解儿童道德行为及其发展规律，未来很有必要进一步深入探究诸如此类的物理环境因素在儿童道德决策中的作用。比如，未来的研究可以考虑在环境中放置一些高度还原实物或人物的照片或图片（如教师或父母的照片）来代替实物（Kristal et al.，2020；Nettle et al.，2013；Oda et al.，2011；Sparks & Barcley，2013)，从而考察上述环境线索对儿童诚信行为的影响。

此外，随着经济水平和科技的快速发展，家长和教师需要对一些高科技作弊手段有所警惕。笔者于 2022 年在我国东部的一所小学进行了一项实证研究，研究对象为 478 名二、四、六年级的学生。结果发现，22.28% 的小学生在考试(实验)中使用了"爱作业 app"来作弊。而在过去一项针对二至六年级小学生的问卷调查中也发现，25.74% 的小学生自我报告曾经有过作弊行为。可见，高科技作弊手段已经成为一种新兴且较常用的作弊手段。减少儿童对手机或平板等电子产品的使用时间，或许可以避免儿童早早掌握高科技作弊的方法。而本节的研究结果为此提供了一种可操作的方法，即在儿童做作业时，将这些电子产品放到抽屉里或找合适的物品将其遮盖住，可减少日常学习和生活中儿童的作弊行为，进而从小培养其诚信行为习惯。

第三节　真实或想象的屏障对儿童早期作弊行为的影响

一、研究背景

有前两节的研究中，笔者通过改变答案的位置和放置方式，检验了物理环境的细微变化如何减少儿童的作弊行为。相关研究结果证实了答案的可见性(而非接近性)对于儿童的作弊行为具有十分显著的影响，还发现物品本身的可供性在其中发挥了重要作用。然而，除了改变答案的位置和放置方式，答案和儿童所构成的空间特征也可能会对儿童产生影响，比如空间的连续性。本节的研究旨在通过在环境中设置一定的"界限"，借以实现空间划分,进而考察其对儿童早期作弊行为的影响。

在这里,笔者提出这样一个假说——道德边界假说(moral barrier hypothesis),即可以通过"空间划分"来提醒人们不要"跨越道德的边界",做出违反道德规则的行为。事实上,这样的操纵在我们的生活中非常普遍。比如,使用路障来提醒司机重新规划车道,使用隔离带来引导乘客有序排队,通过在地面上做标记以提醒人们保持社交距离等。

为了检验上述道德边界假说,在本节中,笔者在答案和儿童所构成的空间的不同位置放置了不同类型的、看似不起眼的屏障,如中空的金属框架,以此来对空间进行划分。与此同时,还引入了"想象"的屏障。因为以往有研究发现,若告知儿童周围存在一个"隐形人"正在观察他,其作弊行为就会减少(Piazza,Bering,Ingram,2011)。因此,假如儿童对"想象中的人或物"持接受态度,那么"想象"的屏障也可能会产生与真实屏障相似的效应。

二、研究方法

本研究仍然使用了数数测试范式,在我国东部某城市的幼儿园招募了350名5—6岁儿童(其中,男孩171名)。所有儿童被随机分配到7个实验条件中(每组各有50名儿童):无框架组、透明薄膜框架组、框架组、平行框架组、旋转90度框架组、旋转90度平行框架组、想象框架组(见图3-10)。

无框架组:未放置任何形式的屏障,该条件是本研究的控制条件,如图3-10(a)所示。

透明薄膜框架组:在儿童测试用的桌子与放置答案的桌子之间放置一个金属框架,并在框架上加上一层透明薄膜。这一屏障对儿童与答案之间的空间进行了实质性分割,即儿童必须绕过屏障才能走到答案一侧,但因其是透明的,故并不会对儿童偷看答案起到任何遮挡作用,如图 3-10(b)所示。

框架组:在儿童测试用的桌子与放置答案的桌子之间放置一个中空的金属框架。因为框架是中空的,故其虽然对儿童与答案之间的空间进行了分割,但儿童依然可以穿过框架走到答案一侧,如图 3-10(c)所示。

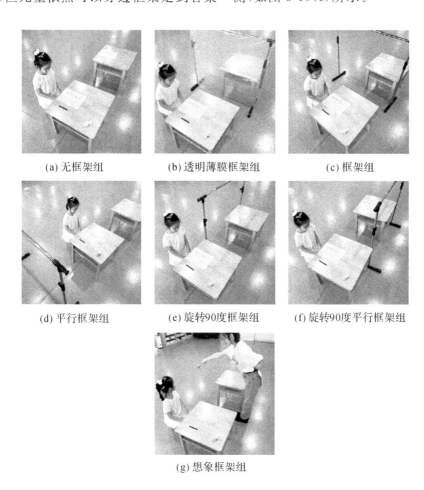

(a) 无框架组	(b) 透明薄膜框架组	(c) 框架组
(d) 平行框架组	(e) 旋转90度框架组	(f) 旋转90度平行框架组

(g) 想象框架组

图 3-10 各实验条件的示意

平行框架组：与框架组一样，放置一个中空的框架。唯一的区别是，框架并没有放在儿童与答案之间，而是放在了儿童的另一侧，故其不会对儿童与答案之间的空间起到任何分割的作用，如图 3-10(d)所示。

旋转 90 度框架组：与框架组一样，在儿童与答案之间放置一个中空框架。但与框架组不同的是，将框架旋转了 90 度，使其位于放置答案的桌子边缘。在这一条件下，框架以一种新的方式对儿童与答案之间的空间进行了分割，如图 3-10(e)所示。

旋转 90 度平行框架组：与旋转 90 度框架组一样，在儿童与答案之间放置一个经旋转 90 度后的中空框架。但与旋转 90 度框架组不同的是，在该条件下，将框架放置在儿童正前方的一侧桌边，故其不会对儿童与答案之间的空间起到任何分割的作用，如图 3-10(f)所示。

想象框架组：在测试正式开始前，实验者会用玩具"魔法棒"，在儿童与答案之间画出一个"隐形"空框，框的位置和大小与框架组的中空框保持一致。在整个实验过程中，实验者未向儿童提及任何有关框架的信息，如图 3-10(g)所示。

三、研究结果

首先，笔者分析了无框架组、透明薄膜框架组和框架组儿童的作弊行为。如图 3-11 所示，三种条件下儿童的作弊率分别为 54％、16％和 28％。以年龄、实验条件为第一层预测变量，两者的交互作用为第二层预测变量，以是否作弊为结果变量，进行分层二元逻辑回归分析。[1] 结果表明，最佳拟合模型仅包含年龄和实验条件的主效应，该模型显著（$\chi^2 = 23.51$，$df = 3$，$p <$

---

[1] 初步分析表明，性别对作弊行为的主效应均不显著，其与年龄、条件的交互作用也均不显著。故在后续的数据分析中，未加入性别这一变量。

0.001，Nagelkerke $R^2 = 0.20$）。其中，年龄的主效应显著（$\beta = 0.09$，SE $\beta = 0.03$，Wald $\chi^2 = 6.20$，$df = 1$，$p = 0.03$，$OR = 1.09$，95% $CI = [1.02, 1.06]$），即随着年龄的增长，儿童的作弊率也在显著增加。条件的主效应也显著（Wald $\chi^2 = 15.00$，$df = 2$，$p < 0.001$）。具体来说，透明薄膜框架组（16% vs 54%，$\beta = -1.84$，SE $\beta = 0.49$，Wald $\chi^2 = 14.01$，$df = 1$，$p < 0.001$，$OR = 0.16$，95% $CI = [0.06, 0.42]$）和框架组儿童的作弊率（28% vs 54%，$\beta = -1.04$，SE $\beta = 0.43$，Wald $\chi^2 = 5.72$，$df = 1$，$p = 0.017$，$OR = 0.35$，95% $CI = [0.15, 0.83]$）均显著低于无框架组。上述结果表明，在儿童和答案之间设置屏障可以显著减少儿童的作弊行为。

其次，儿童在平行框架条件下的作弊率为 50%。将该组与框架组、无框架组的数据合并，并进行与上述类似的分层二元逻辑回归分析。结果表明，最佳拟合模型仅包含年龄和条件的主效应，且该模型显著（$\chi^2 = 17.71$，$df = 3$，$p = 0.001$，Nagelkerke $R^2 = 0.15$）。其中，年龄的主效应依然显著（$\beta = 0.11$，SE $\beta = 0.04$，Wald $\chi^2 = 9.20$，$df = 1$，$p = 0.002$，$OR = 1.12$，95% $CI = [1.04, 1.20]$），即儿童的作弊行为随着年龄的增长而增加。条件的主效应也显著（Wald $\chi^2 = 6.16$，$df = 2$，$p = 0.046$），具体来说，平行框架组的作弊率显著高于框架组（50% vs 28%；$\beta = -0.87$，SE $\beta = 0.44$，Wald $\chi^2 = 4.00$，$df = 1$，$p = 0.046$，$OR = 0.42$，95% $CI = [0.18, 0.98]$），但与无框架组不存在显著差异（50% vs 54%；$\beta = 0.16$，SE $\beta = 0.41$，Wald $\chi^2 = 0.15$，$df = 1$，$p = 0.700$，$OR = 1.17$，95% $CI = [0.52, 2.63]$）。可见，屏障的存在并不足以降低儿童的作弊率，只有将其放于特定位置时（即儿童与答案之间），才能减少儿童的作弊行为。

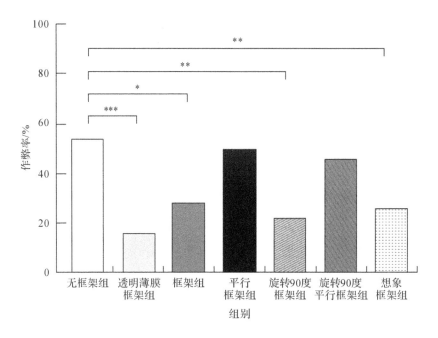

图 3-11　7 种实验条件下的作弊率

注:*表示 $p<0.05$;**表示 $p<0.01$;***表示 $p<0.001$。

再次,研究分析了儿童在旋转 90 度框架条件和旋转 90 度平行框架条件下的作弊行为。如图 3-11 所示,两组儿童的作弊率分别为 22% 和 46%。将这两组数据与无框架组数据合并,进行二元分层逻辑回归分析,结果表明,最佳拟合模型依然仅包含年龄和条件的主效应,且该模型显著($\chi^2 = 17.76$,$df = 3$,$p<0.001$,Nagelkerke $R^2 = 0.15$)。其中,年龄的主效应显著($\beta = 0.10$,SE $\beta = 0.04$,Wald $\chi^2 = 5.55$,$df = 1$,$p = 0.018$,$OR = 1.11$,95% $CI = [1.02, 1.21]$),即随着年龄的增长,儿童的作弊行为也显著增加。条件的主效应也显著(Wald $\chi^2 = 12.95$,$df = 2$,$p = 0.002$),其中,旋转 90 度框架组的作弊率显著低于无框架组(22% vs 54%;$\beta = -1.43$,SE $\beta = 0.45$,Wald $\chi^2 =$

9.96，$df=1$，$p=0.002$，$OR=0.24$，$95\% CI=[0.10, 0.58]$），而旋转 90 度平行框架组的作弊率则与无框架组无显著差异（46% vs 54%；$\beta=0.16$，SE $\beta=0.46$，Wald $\chi^2=0.12$，$df=1$，$p=0.733$，$OR=1.17$，$95\% CI=[0.48, 2.86]$）。上述结果显示，当屏障以更为微妙的方式对儿童与答案之间的空间进行划分时，依然能够减少儿童的作弊行为。

最后，如图 3-11 所示，儿童在想象框架组的作弊率为 26%。将该组数据和无框架组数据合并，进行二元逻辑回归分析。最佳拟合模型显著且依然只包括了年龄和实验条件的主效应（$\chi^2=12.46$，$df=2$，$p=0.002$，Nagelkerke $R^2=0.16$）。其中，年龄的主效应表现为儿童的作弊行为随着其年龄的增长而增加（$\beta=0.07$，SE $\beta=0.04$，Wald $\chi^2=4.09$，$df=1$，$p=0.043$，$OR=1.08$，$95\% CI=[1.00, 1.16]$）。条件的主效应则表现为想象框架组儿童的作弊率显著低于无框架组（26% vs 54%；$\beta=-1.21$，SE $\beta=0.44$，Wald $\chi^2=7.57$，$df=1$，$p=0.006$，$OR=0.30$，$95\% CI=[0.13, 0.71]$）。这一结果表明，在儿童与答案之间设置想象的屏障，与真实屏障一样，也可以显著减少儿童的作弊行为。

此外，由于年龄这一变量在以上所有的逻辑回归分析中的效应均显著，因此，将 7 个实验条件的数据全部合并进行二元分层逻辑回归分析，来考察作弊的可能性与儿童年龄的关系。具体来说，以年龄和条件类型（实验条件 vs 控制条件；实验条件包括透明薄膜框架组、框架组、旋转 90 度框架组和想象框架组，控制条件为无框架组、平行框架组、旋转 90 度平行框架组）为第一层预测变量，两者的交互作用为第二层预测变量。结果表明，最佳拟合模型显著（$\chi^2=37.48$，$df=2$，$p<0.001$，Nagelkerke $R^2=0.14$），且该模型仅包

含年龄和条件类型的主效应(年龄:$\beta = 0.072$,SE $\beta = 0.02$,Wald $\chi^2 = 9.77$,$df = 1$,$p = 0.002$,$OR = 1.08$,95% $CI = [1.03, 1.13]$;条件类型:$\beta = -1.31$,SE $\beta = 0.24$,Wald $\chi^2 = 29.23$,$df = 1$,$p < 0.001$,$OR = 0.27$,95% $CI = [0.17, 0.44]$)。由此可见,无论是在实验条件下还是在控制条件下,儿童作弊的可能性均保持随年龄增长而增长的趋势(见图 3-12)。

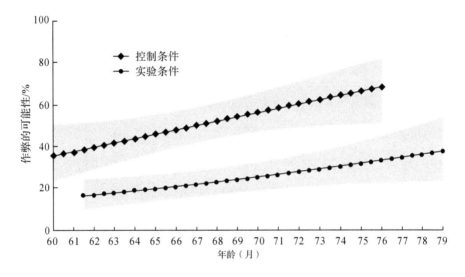

图 3-12　实验条件和控制条件下作弊率与年龄(月)的关系

四、讨论与启示

在本节研究中,笔者提出并验证了"道德边界假说",即可以通过"空间划分"来提醒儿童不要"跨越道德的边界",从而减少其不道德行为。具体来说,通过在儿童和答案之间放置一个屏障,以达到空间划分的效果,进而有效减少儿童的作弊行为。而且,研究还发现,不仅仅是真实存在的屏障,想象的屏障(如研究中的"隐形框架")也能够达到类似的效果。

上述屏障之所以能够减少儿童的作弊行为,其原因很可能在于,在社会化过程中,儿童逐渐习得了对环境线索进行探索的方法。例如,儿童能够根据交通信号灯的变化,选择什么时候过马路。从线索习得的途径来看,儿童对环境线索的感知及理解既可以是教育的结果(例如,家长会教儿童如何过马路,或向儿童解释"禁止入内"的标识意味着什么等),也可以是内隐学习的结果(例如,与陌生人应该保持多远的距离等)。从内容上看来,这些线索包括了一些常见的社会规则或规范(例如,可以在足球场上踢足球,但不能在围栏内的草坪上踢足球),以及安全意识(例如,可以在操场上玩耍,但不可以在马路上玩耍)。正是因为具备了这些环境探索能力,儿童才能够迅速理解屏障所传递的隐含信息。

另一种可能的解释是,儿童做出了泛化行为,即试图在当前的环境线索与过去已经习得的类似线索间建立联系。也就是说,儿童可能将屏障的一侧看作是其"允许活动的空间",而把放有答案的屏障另一侧视为"不被允许的活动空间",进而提醒自己不可"越界"。如果这一解释成立,那么将放置在儿童和答案间的框架替换成其他物体(例如栅栏、绳索,甚至是某种虚拟的物品),也同样能够达到减少儿童作弊行为的效果。

总之,本节的研究结果支持了"道德边界假说",即通过巧妙的环境设计,对儿童与其作弊对象(如答案)间的空间进行划分,能够减少其作弊行为,有效助推其诚信行为。未来的研究还需要进一步考察上述"道德边界效应"究竟在多大程度上依赖于空间划分的结果。例如,金属框架等屏障本身也可能会透露某些社会信息(例如,被视作一种"不可作弊"的提醒)。此外,由于研究中使用的屏障(例如,金属框架)是特殊的人工制品,对儿童而言,其本身所具有的社会信息可能并不强烈,因此儿童很容易赋予它们特定的社会信息。未来可通过采用其他功能性较强的物品(例如,桌子、落叶等),以检验其在发挥"道德边界"作用方面的效果。

本节的研究为儿童早期诚信教育提供了科学和实用的指导。举个简单的例子,教师可以通过在教室环境中科学和巧妙地设置"边界",从而提醒儿童不要作弊,培养其诚信行为。

第四节　本章小结

综上所述,本章以助推理论为基础,先后揭示可及性助推、可见性助推,以及设置道德边界等对儿童早期作弊行为的影响,首次证实了微小和看似不起眼的物理环境因素在减少儿童作弊行为、促进其诚信行为中的重要作用。

在第一节中,通过改变儿童与答案之间的物理距离,以及答案的可见性,证实了改变"可及性"这一因素能够助推儿童的诚信行为,并且发现可见性在其中发挥了主要作用。研究结果启示我们,降低环境中作弊目标的可见性,能够有效减少儿童早期的作弊行为。

在第二节中,进一步探讨了可见性因素在减少儿童早期作弊行为方面的作用。通过在答案上方放置不同的日常物品(例如,不透明的纸、纸巾盒)来降低答案的可见性,发现不仅物品本身可以减少儿童的作弊行为,其真实表征(例如,纸巾盒的彩色照片)也能起到相似的作用。该研究结果启示我们,可以通过采用一些日常物品(尤其是那些在儿童认知当中不太容易移动的物品)对作弊目标加以遮盖,从而减少儿童的作弊倾向。

在第三节中,考察了通过设置一定的边界来实现空间划分,进而减少儿童早期作弊行为发生的可能性。结果发现,在儿童和答案间设置真实或想象的屏障(例如,中空金属框),从而将两者所在空间加以分隔,可有效减少儿童的作弊行为。该研究结果启示我们,可以通过在环境中设置一些空间分隔物(例如,隔离带)或分界线(例如,地面标识等)来提醒儿童不要跨越边界,从而减少其作弊行为。

上述研究结果意味着仅仅通过对物理环境进行巧妙设计或细微改变,就可以达到"四两拨千斤"的效果,从而培养儿童的诚信行为。这些结果不仅为未来进一步探究物理环境因素对儿童诚信行为发生和发展的影响提供了方向,也为儿童早期诚信教育和不诚信行为的教育干预提供了多种科学、有效和简单易行的方法。

第四章

情绪信息与儿童早期作弊行为

在第二章中，笔者探讨并揭示了表扬、声誉信息、承诺等社会情境因素对儿童作弊行为的影响，这意味着学龄前儿童已初步具备理解社会信息（尤其是社会言语信息）的能力。情绪信息是一种重要的社会信息，学龄前儿童对其的理解是否也达到了类似的水平，它将如何影响儿童早期的作弊行为？这是本章聚焦的主要问题。

目前为止，鲜有研究关注情绪信息对儿童作弊行为的影响，但情绪信息已被证实能够影响儿童的亲社会行为（Klinnert et al.，1983）。事实上，这种影响在 1 岁儿童中就已存在。研究发现，儿童与其照料者之间存在一种以情绪为载体的"交流"方式，即当照料者表现出了某种情绪后，儿童能够对该情绪做出相应的反应。例如，1 岁左右儿童在看到陌生物品时，通常会先看向母亲，此时母亲"鼓励式"的微笑或皱眉表情，便会对儿童的后续行为产生不同的影响（Klinnert et al.，1983；Sorce et al.，1985）。此外，随着儿童年龄的增长，其共情能力也在不断发展，具体表现为越来越能够对周遭其他人的情绪状态做出共情反应，即更具有同理心。例如，Zahn-Waxler、Radke-

Yarrow、King(1979)发现,12—24 个月大的儿童在看到他人难过时,会主动靠近并用手试探性地抚摸或轻拍对方,做出安慰的动作。此外,研究还表明,6 岁儿童已经能够在特定情绪与特定事件之间建立联结,如儿童会对父母的情绪进行预判(例如,"如果我把房间打扫得非常干净,妈妈会为我感到高兴和自豪")(Harris,1989)。

　　另外,已有研究表明,学龄前儿童已经有能力对作弊行为可能带来的情绪体验做出判断。在 Lake 等人(1995)的研究中,研究者给 5 岁儿童讲述了一个道德故事,故事的主人公遵守/违反了成人的规定,在其不在时没有偷吃/偷吃了糖果。随后,研究者要求儿童对主人公可能产生的情绪进行判断。结果发现,5 岁儿童已经会做出"正确"的情绪预期:他们会为主人公成功抵制诱惑而没有作弊感到欣慰,为其没有抵制住诱惑而作弊感到内疚,而且这种效应会随着年龄的增加而增强。可见,作弊行为会给儿童带来负面的情绪体验。然而,目前为止,尚无研究进一步探讨这种预期的情绪体验是否可以减少儿童后续的作弊行为。因此,本章的研究通过操纵传递给儿童的情绪信息来检验其是否可以减少作弊。上述研究为本研究的开展提供了较好的理论基础。

　　本章的研究旨在考察情绪信息对儿童作弊行为的影响。具体来说,以道德故事为情绪信息传递的载体,通过改变对故事中主人公行为(作弊 vs 未作弊)及其相应情绪体验(高兴 vs 难过)的描述,如主人公因自己没有作弊而感到高兴(详见方法部分),来检验情绪信息是否会影响儿童后续的作弊行为。以下,将从方法、结果、讨论与启示等三个部分来详细介绍。

第一节 研究方法

本研究在我国东部某城市的幼儿园招募了 200 名 3—4 岁的儿童（小龄组）及 200 名 5—6 岁的儿童（大龄组）。每个年龄组的儿童均被随机分配到 5 个实验条件中：作弊—难过组、未作弊—高兴组、获得奖品—高兴组、未获奖品—难过组，以及控制组。两个年龄组在每个实验条件各有 40 名儿童。

本研究采用了抵制诱惑范式中的猜纸牌任务，即实验者与儿童一对一进行 6 轮猜纸牌游戏。与标准的猜纸牌游戏略有不同的是，在最后一轮游戏开始前，实验者会给儿童讲述一个故事并确保儿童理解了故事内容，之后借故离开教室。故事中主人公（与参与实验儿童同龄和同性别的儿童）参与了一场类似的猜纸牌游戏。根据主人公是否做出了作弊行为、是否获得了奖品，及其相应的积极或消极的情绪体验，故事共分 4 个类型：（1）主人公作弊并获得奖品，事后因为违反规则感到难过；（2）主人公没有作弊且未获得奖品，事后因为遵守规则感到高兴；（3）主人公作弊并获得奖品，事后因为获得奖品感到高兴；（4）主人公没有作弊且未获得奖品，事后因为没有奖品感到难过。具体来说，每个实验条件中儿童听到的故事类型如下。

作弊—难过组："我听别的幼儿园的老师说过，他们跟其他小朋友也玩过这个游戏。那个小朋友偷偷看了扑克牌，最后赢到了小礼物。事情发生以后，他/她觉得自己没有遵守游戏规则，感到非常难过。"

未作弊—高兴组："我听别的幼儿园的老师说过，他们跟其他小朋友也玩过这个游戏。那个小朋友没有偷看扑克牌，最后没有赢到小礼物。事情发生以后，他/她觉得自己遵守了游戏规则，感到非常高兴。"

获得奖品—高兴组:"我听别的幼儿园的老师说过,他们跟其他小朋友也玩过这个游戏。那个小朋友偷偷看了扑克牌,最后赢到了小礼物。事情发生以后,他/她觉得自己赢得了礼物,感觉非常高兴。"

未获奖品—难过组:"我听别的幼儿园的老师说过,他们跟其他小朋友也玩过这个游戏。那个小朋友没有偷看扑克牌,最后没有赢到小礼物。事情发生以后,他/她觉得自己没有赢得礼物,感觉非常难过。"

控制组:实验者未给儿童讲述任何故事。

第二节　研究结果

首先,对大龄组儿童在 5 个实验条件下的作弊行为进行了分析。如图 4-1 所示,5 个实验条件的作弊率分别为:控制组 90.0%、作弊—难过组 50.0%、未作弊—高兴组 75.0%、获得奖品—高兴组 77.5%、未获奖品—难过组 82.5%。随后,采用分层二元逻辑回归分析,检验不同实验条件下儿童的作弊率是否具有显著差异。① 以条件、年龄(月)为第一层预测变量,两者交互作用为第二层预测变量,是否作弊为结果变量进行分析后发现,最佳拟合模型仅包含条件和年龄的交互作用,且该模型显著($\chi^2 = 21.55$, $df = 5$, $p = 0.001$, Nagelkerke $R^2 = 0.15$)。其中,条件的主效应显著(Wald $\chi^2 = 18.79$, $df = 4$, $p = 0.001$)。进一步分析发现,仅作弊—难过组的作弊率显著低于控制组(50.0% vs 90.0%, $\beta = -2.22$, SE $\beta = 0.62$, Wald $\chi^2 = 12.82$, $df = 1$, $p < 0.001$, $OR = 0.11$, 95%$CI = [0.03, 0.37]$),未作弊—高

---

① 初步分析表明,性别对作弊行为的主效应均不显著,其与年龄、条件的交互作用也均不显著。故在后续的数据分析中,未加入性别这一变量。

兴组、获得奖品—高兴组,以及未获奖品—难过组的作弊率均与控制组无显著差异($ps > 0.05$)。年龄的主效应则不显著($p > 0.05$)。上述结果表明,对于 5—6 岁儿童而言,告知其作弊可能带来的消极情绪后果,能够显著减少其随后的作弊行为。

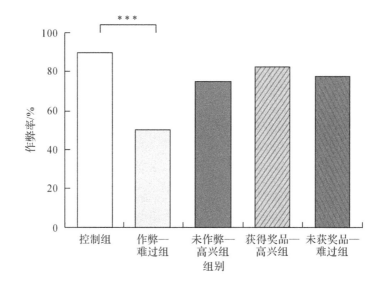

图 4-1　大龄组儿童在各个实验条件下的作弊率

注:***表示 $p < 0.001$

　　同时,对小龄组儿童的作弊行为进行了相似的分析。如图 4-2 所示,小龄组儿童在 5 个实验条件下的作弊率分别为:控制组 80.0%、作弊—难过组 62.5%、未作弊—高兴组 77.5%、获得奖品—高兴组 70.0%、未获奖品—难过组 70.0%。分层二元逻辑回归分析发现,模型拟合但不显著($\chi^2 = 3.84$,$df = 5$,$p = 0.573$,Nagelkerke $R^2 = 0.03$)。其中,条件主效应不显著($p > 0.05$),即小龄组儿童在五个条件下的作弊行为并没有显著差异;年龄的主效应也不显著($p>0.05$)。这意味着,情绪信息对 5 岁以下儿童的作弊行为并不存在显著影响。

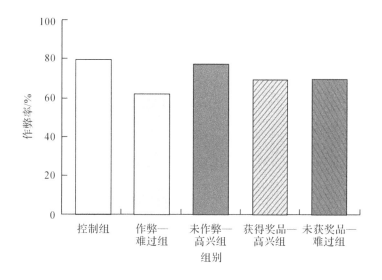

图 4-2　小龄组儿童在各个实验条件下的作弊率

　　总的来说,上述结果表明,当知道作弊行为会引发消极情绪后,5—6 岁儿童的作弊行为会明显减少,但这种效应在年龄较小的儿童中并不存在。此外,无论是大龄组还是小龄组儿童,在得知遵守规则行为或赢得奖品能够引发积极情绪,以及没有得到奖品会引发消极情绪后,其作弊倾向均未有显著变化。

第三节　讨论与启示

　　本章研究系统性探讨了情绪信息对于儿童早期作弊行为的影响。在研究中,实验者向 3—6 岁儿童讲述了另一名儿童对于诚信行为的积极情绪反应(为自己的诚信而高兴)和对作弊行为的消极情绪反应(为自己的作弊而难过)。结果发现,只有针对作弊行为的消极情绪信息,才能够减少5—6岁儿童的作弊行为,但这种效应在3—4岁儿童中并未出现。出现这种年龄差异的原因可能在于,5岁以下儿童的规则意识及其对规则的理解发展尚不成熟,因此无法将其内化为自己的行动准则。虽然在以往研究中,3岁儿童已经表现出了对遵守规则产生积极体验、对违反规则产生消极体验的能力,但是这种能力的发展可能才刚刚起步,故其对儿童实际的诚信或作弊行为的效果尚未显现(Bussey,1999;Peterson,Peterson,Seeto,1983)。

上述结果与以往相关研究比较一致。以往研究表明,5岁左右儿童的道德意识已经初步萌芽(Lagattuta,2005;Lake,Lane,Harris,1995),并能够理解他人或自己在做出作弊行为后,可能会产生消极的情绪体验(Lake,Lane,Harris,1995)。此外,5岁儿童对更复杂的道德情绪也已有初步的认识,比如可能会为做出道德行为而感到自豪,为做出不道德行为而感到羞愧或内疚(Nunner-Winkler & Sodian,1988)。但4岁以下儿童情绪认知能力的发展水平可能还相对较低。

既然5岁儿童已经具备了一定的情绪认知能力,那么诚信行为带来积极情绪体验的信息为何不能有效减少其作弊行为呢?笔者认为,这可能与成人对待作弊行为和诚信行为的态度及教育方式有关(Chen,2009)。在日常生活中,父母或教师通常倾向于强调违反规则的负面后果,而非遵守规则的积极结果。此外,相较于儿童的诚信行为,其作弊行为往往更容易受到成人的关注。且作弊行为通常伴随着一些惩罚手段,而诚信行为却不一定会获得奖励或表扬等积极反馈(Dix,Rwble,Zambarano,1989;Wooldridge &

Richman，1985）。因此，与作弊行为和消极情绪体验的关联性相比，诚信行为和积极情绪体验在儿童认知中的关联性并不那么强。因此，预期的作弊行为所带来的消极情绪信息，而非诚信行为带来的积极情绪信息，可以显著减少儿童早期的作弊行为。

未来，可以考虑通过开展跨文化研究来进一步探究这种效应是否受到文化背景的影响。由于我国是典型的集体主义社会，自古以来就推崇"人而无信，不知其可也"的诚信教育，故在此文化背景下成长的儿童，往往具有较强的规则意识。但在一些个人主义色彩比较浓厚的国家，人们的规则意识可能并不如此强烈，在这种背景下成长的儿童，可能对违反规则和消极情绪体验之间的关联性并不那么敏感。另外，未来也需要进一步加强对儿童诚信行为及其相应情绪认知的关注，通过开展纵向追踪或微观发生学研究，来探索在帮助儿童建立起对遵守规则和积极情绪体验之间的关联性认知后，这种关联性是否能够有效减少儿童的作弊行为。

总体来说，本章研究发现，告知儿童有关他人作弊行为的消极情绪后果信息能够显著减少其作弊行为，且这种效应最早在 5 岁儿童中出现。这一结果表明，5 岁儿童已对作弊行为可能产生的消极情绪后果较为敏感，并且会根据这种"替代性"情绪体验（即他人而非自身的体验）来减少自身的作弊行为。这意味着，在日常的生活和学习中，家长和教师可以通过提醒或强调儿童作弊行为可能带来的消极情绪体验，来对儿童早期的作弊行为进行教育和干预。

与此同时，正如本章讨论部分所述，上述研究结果恰恰反映了目前我国父母与教师对于儿童诚信行为的关注不够，从而导致儿童对于遵守规则和可能带来的积极情绪体验之间的关联性并不敏感。正因为这种认知关联性的缺乏,儿童无法对遵守规则后的积极情绪体验产生共鸣。然而,本书第二章中介绍的"好孩子"声誉效应却表明,积极的声誉信息能够减少儿童的作弊行为,即儿童会为了维护自身"好孩子"这一良好形象,努力保持诚信,减少作弊行为。因此,家长和教师可在日常生活和教育中,对儿童诚信行为给予更多的关注和积极反馈,从而促进儿童早期诚信行为的发展。

第五章

个体因素与儿童早期作弊行为

本书在前面几章中，探讨了社会情境（如口头承诺、声誉信息和表扬等）、物理环境（如可及性、可见性和空间划分等）以及情绪信息等因素对儿童早期作弊行为的影响。在本章，笔者把目光由外部转向内部，在前人研究的基础上，进一步探讨个体因素对儿童早期作弊行为的影响。

以往有关个体因素与儿童作弊行为的研究大多集中于学龄阶段，如第一章中提及的 Hartshorne 和 May(1928)以及 Cizek(1999)的研究。这些研究主要针对小学五年级以上、不同学龄阶段的学生，考察并揭示了年龄（学龄）、性别、智力水平、学业成绩等个体因素与作弊行为之间的关系。例如，男生的作弊率普遍高于女生；相较于智力水平较低的学生，智力水平较高的学生作弊行为较少等。

除性别、年龄等因素外，认知发展水平和人格特征等个体因素也被发现对学龄儿童的不道德行为具有一定影响。例如，研究发现，抑制控制能力能够有效预测儿童的作弊行为，抑制控制能力越强，儿童的作弊行为越少(Kochanska et al., 1996)；心理理论水平的发展则可能促进儿童说谎行为的发生和发展(Ding et al., 2014；Polak & Harris, 1999)。在人格特征方面，研究发现，宜人性高与责任心强的儿童更不容易作弊和说谎(Jensen-Campbell & Graziano, 2005)，但外倾性和开放性较高的儿童则更容易出现问题行为(如攻击行为、冲动性等)(Prinzie et al., 2004)。

较之学龄儿童，迄今为止针对影响学龄前儿童作弊行为的个体因素研究少之又少。学龄前期是儿童诚信意识形成和诚信行为习惯培养的关键期，也是其认知能力、道德判断、人格特质等快速发展的时期。因此，探究并找到影响学龄前儿童作弊行为的关键个体因素，对于开展有针对性的早期教育、引导乃至行为干预，都具有十分重要的意义。为此，本章的研究将实验法和问卷法相结合，对可能影响学龄前期儿童早期作弊行为的个体因素进行了全面考察和探究。

具体而言，采用了抵制诱惑范式之猜纸牌游戏的变式，连续两次考察儿童的作弊行为、作弊策略及其动态变化，进而探索认知、智力、人格特质等一系列个体因素对儿童早期作弊行为的影响。

第一节　研究方法

在我内东部某城市的幼儿园招募了 100 名儿童(均为汉族)，其中包括 50 名 3 岁儿童(其中，24 名男孩)和 50 名 5 岁儿童(其中，25 名男孩)。

在本研究中，为了同时考察学龄前儿童的作弊行为和作弊策略，并观察其动态变化，笔者对抵制诱惑范式的猜纸牌游戏进行了一些改变。具体来说，儿童需要先后完成 5 次猜纸牌。游戏规定，若儿童在 5 次猜测中猜对 3 次及以上，即可赢得奖品。在前 3 次猜测中，实验者通过人为操纵，确保所有儿童均能猜对 2 次。之后,进入最后 2 个关键试次。2 个关键试次的任务与前 3 次(猜纸牌上的数字比 6 大还是比 6 小)有所不同,分别是:猜纸牌上的数字(具体数字)及猜纸牌上图形的颜色(具体颜色)。儿童需要先思考,再把自己的答案(数字、颜色)在实验者事先准备好的画板①上圈出来。圈好后,站起来查看挡板另一侧的纸牌,以确认自己是否猜对(故称"自我批改范式")。游戏的规则是,儿童需要严格遵守"思考—圈出答案—查看自己是否猜对"这一流程,圈之前不能偷看答案,圈好后无论对错,均不能修改自己的答案。在 2 个关键试次中,儿童开始猜测前,实验者均借故离开房间 1 分钟。离开前,实验者会再次强调游戏规则。1 分钟后,实验者返回房间,询问并查看儿童是否猜对,根据儿童在画板上圈出的答案正确与否,决定是否给予儿童奖品。②与标准的抵制诱惑范式相同,儿童在 2 个关键试次中的作弊行为及策略,由事先安装在房间角落的摄像头记录。实验结束后,由两名经过培训且不知实验目的的研究生根据视频对儿童的作弊行为(是否作弊)和策略进行编码。

其中,作弊策略指的是儿童在 2 个关键试次中采用了何种方式进行作弊,具体分为:Ⅰ类作弊策略是指儿童遵循"思考—圈出答案—查看自己是否猜对"这一流程,但在发现自己猜错后,违背了"不能修改答案"这一规则,对原来的答案进行了涂改。Ⅱ类作弊策略是指儿童没有遵循"思考—圈出答案—查看自己是否猜对"这一流程,而是直接偷看并圈出了正确答案。相比采用Ⅰ类作弊策略的儿童,采用Ⅱ类作弊策略的儿童作弊程度更高。

在猜纸牌游戏结束约一周后,对所有参与实验的儿童进行一对一的个体

① 为了降低儿童猜对的可能性,实验者事先在画板上贴好 8 个数字/8 种颜色作为备选项。
② 对于在第五轮(猜具体数字)中已经猜对的儿童,实验者会告知其若在第六轮(猜具体颜色)中也猜对,能够获得一份额外的奖品。

因素测量(见图 5-1)。具体来说,认知因素方面,本研究采用包含不同愿望、知与不知、不同信念、内容错误信念与伪装情绪等 5 个故事的心理理论量表(Peterson,Wellman,Liu,2005)测量儿童的心理理论水平;采用 NIH toolbox 中适用于 3—7 岁儿童抑制控制测试测量儿童的抑制控制能力;采用 Wimmer 和 Perner(1983)等最早编制的 4 个反事实推理情境测量儿童的反事实推理能力(Ekstrom et al.,1976;German,2003);借鉴 Levin 等关于儿童决策研究的范式自行设计"抽奖"游戏①用于测量儿童的冒险倾向(Levin & Hart,2003;Schlottmann & Tring,2005);采用道德评价任务(包括遵守规则、违反规则、讨好教师、被抓可能性感知和被惩罚可能性感知等故事)测量儿童的道德评价水平(杨蕊萍,2018);最后,借鉴不可能完成任务范式编制了3个儿童违规故事情境,以测量儿童对同伴在不同情境中是否可能做出违规行为的信念(以下简称他人违规信念)。此外,还采用韦氏幼儿智力量表(林传鼎 & 张厚粲,1986)测量了儿童的智力水平,并采用 Conners(1969)的教师评定量表及自编的教师评定问卷等来测量儿童的问题行为、个性特质等其他个体因素。

由于学龄前儿童年龄较小,难以在长时间内保持注意力高度集中,故所有测试被拆分成三次进行,每次测试时间控制在一小时内。在安排不同的测试任务时,考虑到不同任务的测量时长及儿童对其感兴趣的程度均不同,故将儿童认知因素中的心理理论、抑制控制以及道德评价纳入第一次测试;将认知因素中的反事实推理、关于他人违规行为的信念和冒险倾向纳入第二次测试;智

---

① 儿童在获奖概率不同的抽奖箱中选择其中一个进行"抽奖",其中,选择中奖概率越低的箱子,在中奖后所能获得的礼物数量就越多;而选择中奖概率越高的箱子,在中奖后能获得的礼物数量则越少。

力测试为第三次测试。研究会随机按照不同测试顺序来衡量儿童的这些个体因素。此外,其他个体因素均由儿童所在班级的教师进行评定。

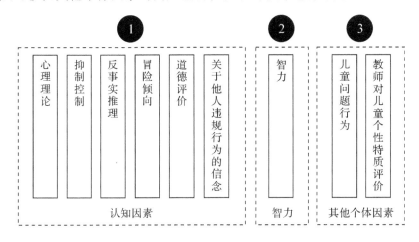

图 5-1　本研究测量的个体因素及其分类

第二节　研究结果

一、儿童的作弊行为分析

笔者对 3 岁和 5 岁儿童在两个关键试次中的作弊情况进行了统计(见表 5-1、图 5-2)。结果显示,两个年龄组儿童在两个关键试次中的作弊率均超过了 80%(其中,3 岁儿童达到 90% 以上)。进一步卡方检验发现,两个关键试次中两个年龄组的作弊率均不存在显著差异($ps>0.05$)。以性别为预测变量,以是否作弊为结果变量进行二元逻辑回归分析,结果表明,性别对儿童在第一个关键试次中是否作弊具有显著的预测作用。具体表现为,相较于女孩,男孩更少在第一个关键试次中作弊(79.2% vs 97.8%;$\beta=-2.34$,

SE $\beta=1.08$，Wald $\chi^2=4.73$，$df=1$，$p=0.03$，$OR=0.10$，$95\%\ CI=$ [0.01，0.79]）。但这种性别效应在第二个关键试次中并不存在。

表 5-1　3 岁和 5 岁组儿童在两个关键试次中的作弊率

		第一个关键试次（猜具体数字）		第二个关键试次（猜具体颜色）	
		作弊/%	未作弊/%	作弊/%	未作弊/%
3 岁儿童	男孩	83.3	16.7	91.7	8.3
	女孩	100.0	0.0	96.2	3.8
	全体	91.5	8.5	94.0	6.0
5 岁儿童	男孩	75.0	25.0	75.0	25.0
	女孩	95.5	4.5	90.9	9.1
	全体	84.8	15.2	82.6	15.2
全体儿童	男孩	79.2	20.8	80.6	19.4
	女孩	97.8	2.2	92.9	7.1
	全体	88.2	11.8	86.6	13.4

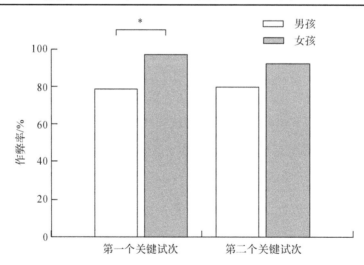

图 5-2　3 岁和 5 岁儿童在两个关键试次中的作弊率

注:*表示 $p<0.05$。

二、儿童的作弊策略分析

针对作弊儿童,对其在两个关键试次中的作弊策略及变化情况进行了描述性统计(见表 5-2、图 5-3、表 5-3)。结果显示,总体而言,在两个关键试次中77.6％儿童的作弊策略未改变,或一直使用Ⅰ类策略,或一直使用Ⅱ类作弊策略。卡方分析发现,在所有未曾改变作弊策略的儿童中,相较于Ⅰ类作弊策略,Ⅱ类作弊策略保持者的人数明显较多(36.1％ vs 63.9％;$\chi^2 = 4.13$,$df = 1$,$p = 0.042$)。

表 5-2　3 岁和 5 岁组作弊的儿童使用不同作弊策略的人数占比

		第一个关键试次		第二个关键试次	
		Ⅰ类作弊策略/％	Ⅱ类作弊策略/％	Ⅰ类作弊策略/％	Ⅱ类作弊策略/％
3 岁儿童	男孩	50.0	50.0	31.8	68.2
	女孩	39.1	60.9	28.0	72.0
	全体	44.2	55.8	29.8	70.2
5 岁儿童	男孩	61.1	38.9	33.3	66.7
	女孩	61.9	38.1	40.0	60.0
	全体	61.5	38.5	36.8	63.2
全体儿童	男孩	55.3	44.7	32.8	67.2
	女孩	50.0	50.0	35.4	64.6
	全体	52.4	47.6	34.1	65.9

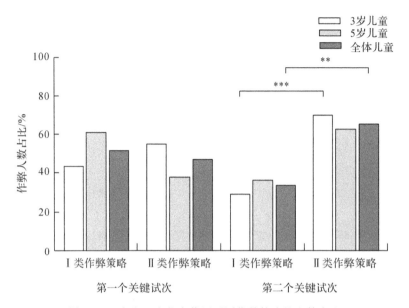

图 5-3　3 岁和 5 岁儿童使用不同作弊策略的人数占比

注：**表示 $p<0.01$，***表示 $p<0.01$。

表 5-3　3 岁和 5 岁组作弊的儿童在两个关键试次中作弊策略的变化情况

		作弊策略不变		作弊策略改变	
		使用 I 类策略/%	使用 II 类策略/%	I 类→II 类/%	II 类→I 类/%
3 岁儿童	男孩	30.8	69.2	85.7	14.3
	女孩	30.0	70.0	100.0	0.0
	全体	30.3	69.7	90.0	10.0
5 岁儿童	男孩	38.5	61.5	100.0	0.0
	女孩	46.7	53.3	100.0	0.0
	全体	42.9	57.1	100.0	0.0
全体儿童	男孩	34.6	65.4	91.7	8.3
	女孩	37.1	62.9	100.0	0.0
	全体	36.1	63.9	94.1	5.9

与此同时，有 94.1% 的儿童表现出作弊策略"升级"，即在第一个关键试次中采用了 I 类策略，而在第二个关键试次中采用了违规程度相对较高的 II 类策略。仅 5.9% 的儿童出现了作弊策略的"降级"。总的来说，低于 50% 的儿童在第一个关键试次中使用了 II 类策略；而高达 65.9% 的儿童在第二个关键试次中使用了 II 类作弊策略。卡方分析表明，在第一个关键试次中，儿童并没有显著的作弊策略偏好（$p > 0.05$）；但在第二个关键试次中，相较于 I 类作弊策略，使用 II 类作弊策略的儿童明显更多（$\chi^2 = 10.625, df = 1, p = 0.001$）。对 3 岁和 5 岁儿童进行单独分析后发现，上述策略"升级"效应主要存在于 3 岁儿童中。

三、个体因素测量的描述性统计分析

本研究对两个年龄组儿童在心理理论、抑制控制、反事实推理、冒险倾向、他人违规信念、问题行为、道德评价、智力以及个性特质等方面的测量结果进行了描述性统计，结果如表 5-4 至 5-7 所示。

表 5-4　3 岁和 5 岁儿童部分认知因素及问题行为的测量结果

	3 岁儿童	5 岁儿童	男孩	女孩
心理理论	2.32(0.96)	3.66(0.77)	2.94(1.20)	3.04(1.00)
抑制控制	109.66(15.35)	118.32(17.25)	113.92(18.65)	114.06(15.04)
反事实推理	6.16(2.50)	9.00(1.47)	7.57(2.56)	7.59(2.45)
冒险倾向	1.70(1.22)	2.26(1.40)	2.12(1.36)	1.84(1.30)
他人违规信念	0.96(1.01)	2.46(1.01)	1.63(1.20)	1.78(1.32)
问题行为	37.96(8.22)	38.34(8.47)	39.98(8.83)	36.39(7.43)

注：括号外的分值为评分均值，括号内为标准差。其中，认知因素的得分越高，表示儿童在该认知领域的发展水平越高。问题行为的得分越高，表示儿童的问题行为越多。

表 5-5　3 岁和 5 岁儿童道德评价的测量结果

	遵守规则	违规	讨好教师	被抓可能性感知	被惩罚可能性感知
3 岁儿童	3.94(2.49)	2.88(1.39)	5.82(3.32)	8.18(2.29)	9.30(1.11)
5 岁儿童	3.00(1.21)	2.46(0.84)	8.36(2.29)	7.74(2.35)	9.12(1.38)
男孩	3.61(2.30)	2.76(1.41)	6.90(3.16)	7.27(2.64)	8.92(1.50)
女孩	3.33(1.69)	2.59(0.88)	7.27(3.08)	8.63(1.73)	9.49(0.88)
全体儿童	3.47(2.01)	2.67(1.16)	7.09(3.11)	7.96(2.32)	9.21(1.25)

注:括号外的分值为儿童在各个道德评价任务上的得分均值,括号内为标准差。其中,得分越高,表明儿童的道德判断水平越高。

表 5-6　3 岁和 5 岁儿童智力测验的结果

	3 岁儿童	5 岁儿童	男孩	女孩
常识	11.44(2.52)	15.72(2.35)	13.45(3.20)	13.71(3.31)
动物房	23.12(8.02)	47.14(6.85)	33.88(14.91)	36.33(13.46)
词汇	14.26(3.92)	21.42(4.27)	17.67(5.86)	18.00(5.06)
图画补缺	7.78(2.82)	12.90(2.81)	10.22(3.86)	10.45(3.78)
算术题	8.84(2.06)	15.58(2.17)	12.14(4.32)	12.27(3.69)
迷津	12.40(5.74)	23.04(2.37)	18.18(6.41)	17.27(7.39)
几何图形	5.86(2.14)	16.54(3.84)	10.65(6.34)	11.73(6.06)
类同词	6.40(2.97)	11.30(2.53)	8.92(3.70)	8.78(3.71)
拼图	10.26(4.26)	17.32(2.03)	14.12(5.11)	13.47(4.64)
理解	11.00(3.42)	17.40(2.36)	14.84(4.57)	13.59(4.07)

注:括号外的分值为儿童在智力测试各项分测验上的得分均值,括号内为标准差。其中,得分越高,表明儿童的智力发展水平越高。

表 5-7　教师对儿童个性特质评价的描述统计结果

	3 岁儿童	5 岁儿童	男孩	女孩
好动	3.42(1.36)	3.44(1.18)	3.84(1.03)	3.03(1.36)
机灵	4.10(0.89)	4.10(0.79)	4.08(0.86)	4.12(0.82)
怕生	2.74(1.43)	2.42(1.26)	2.61(1.27)	2.55(1.43)
乖巧	3.90(1.02)	3.64(1.16)	3.43(1.22)	4.10(0.83)
孤僻	1.92(1.18)	1.46(0.76)	1.82(1.09)	1.57(0.92)
合群	3.90(1.06)	4.20(0.73)	3.94(0.97)	4.16(0.81)
活泼	3.86(1.20)	4.16(0.74)	4.00(1.06)	4.02(0.95)
懦弱	1.98(1.02)	1.90(1.09)	2.02(1.07)	1.86(1.04)
调皮	3.10(1.23)	3.30(1.18)	3.55(1.06)	2.86(1.25)
创造性强	3.74(0.92)	3.96(0.97)	3.88(0.95)	3.82(0.95)
好奇心强	3.90(0.86)	4.22(0.79)	4.10(0.80)	4.02(0.88)
胆子大	3.32(1.25)	3.70(1.22)	3.43(1.22)	3.59(1.27)
遵守规矩	4.08(1.03)	3.90(1.15)	3.82(1.18)	4.16(0.97)
喜欢争论	2.44(1.30)	2.82(1.24)	2.65(1.35)	2.61(1.22)
好胜心强	2.64(1.29)	3.52(1.20)	2.98(1.42)	3.18(1.21)
不守纪律	1.90(1.22)	2.18(1.29)	2.22(1.36)	1.86(1.13)
喜欢打斗	1.66(1.06)	1.88(1.26)	2.18(1.33)	1.37(0.80)
讨好别人	3.10(1.27)	3.06(1.38)	2.90(1.25)	3.25(1.37)
领悟能力强	4.06(0.84)	3.82(1.12)	4.08(0.86)	3.80(1.10)
自控能力强	3.80(0.99)	3.44(1.21)	3.53(1.14)	3.71(1.10)
理解能力强	4.04(0.92)	3.88(1.02)	4.08(0.89)	3.84(1.05)
注意力集中	4.08(0.85)	3.62(1.14)	3.67(1.05)	4.02(0.99)
善于与他人合作	3.78(1.11)	3.72(1.25)	3.55(1.21)	3.94(1.12)
与人相处容易	4.04(1.03)	4.00(1.07)	3.80(1.12)	4.24(0.93)

注:括号外的分值为教师对儿童各项特质的评分均值,括号内为标准差。其中,儿童在某个特质上的得分越高,表示教师认为儿童在该特质方面表现越明显。

研究分析发现,相较于 3 岁儿童,5 岁儿童在心理理论、抑制控制、反事实推理、冒险倾向以及智力各项测验上的得分明显更高,但上述各测试的得分不存在显著的性别差异。具体来说,与 3 岁儿童相比,5 岁儿童具有明显更高的心理理论水平(3.66 vs 2.32;$t' = 7.71, df = 98, p < 0.001$)和抑制控制水平(118.32 vs 109.66;$t' = 2.65, df = 98, p = 0.009$),以及明显更强的反事实推理能力(9.00 vs 6.16;$t' = 7.71, df = 98, p < 0.001$)和冒险倾向(2.26 vs 1.70;$t' = 2.138, df = 96.18, p = 0.035$),在智力测试的各项任务中表现更好($p < 0.001$)。

而对所有儿童道德评价的结果进行分析后发现,就年龄而言,5 岁儿童对违规行为的评价更加消极(3.00 vs 3.94;$t' = -2.40, df = 70.93, p = 0.019$),但在讨好教师方面的分数明显更高(8.36 vs 5.82;$t' = 4.45, df = 87.10, p < 0.001$);就性别而言,女孩知觉到被抓和被惩罚的可能性均高于男孩(被抓可能性:8.63 vs 7.27;$t' = 3.04, df = 82.30, p = 0.003$;被惩罚可能性:9.49 vs 8.92;$t' = 2.32, df = 77.01, p = 0.023$)。另外,5 岁儿童在他人违规行为信念上的得分也显著高于 3 岁儿童(2.46 vs 0.96;$t' = 7.41, df = 98, p < 0.001$),即更倾向于认为同伴会通过作弊来完成不可能完成的任务,以达到任务目标;然而,在该任务上不存在显著的性别差异。

四、个体因素测量的逻辑回归分析

最后,将各个体因素与儿童在两个关键试次中的作弊行为、作弊策略及策略变化的数据整合起来,并进行逻辑回归分析,获得了大量的数据结果。

就作弊行为而言,教师对儿童个性特质的评价和智力的各项分测验对其具有良好的预测作用。首先,儿童在机灵、好奇心、领悟能力、自控能力以及智力测验中拼图等维度的得分均能有效预测其在第一个关键试次中是否会作弊。具体表现为,机灵、自控力强,在智力拼图任务得分越高的儿童在第一个关键试次越倾向于不作弊;而好奇心越强、领悟能力越强的儿童,在第一个关键试次中反而更容易作弊(见表5-7)。另外,儿童个性特质中的创造性、好奇心、喜欢争论、好胜心、喜欢打斗、自控能力、理解能力则能有效预测儿童在第二个关键试次中是否会作弊。具体来说,创造性越强、好胜心越强、越喜欢打斗、自控力越高的儿童,在第二个关键试次中就越倾向于不作弊,即越倾向于保持诚信;但好奇心越强、越喜欢争论、理解能力越强的儿童在第二个关键试次中则更容易做出作弊行为(见表5-8、表5-9)。

表 5-8 儿童在第一个关键试次中作弊与否的逻辑回归分析结果

第一个关键试次中作弊 与否的影响因子	β	SE	Wald	df	p	OR	95%CI
性别	−6.45	2.57	6.30	1	0.012	0.00	0.00—0.24
个性特质(机灵)	−3.34	1.26	7.03	1	0.008	0.04	0.00—0.42
个性特质(好奇心强)	3.54	1.51	5.52	1	0.019	34.52	1.80—663.13
个性特质(领悟能力强)	1.78	0.79	5.03	1	0.025	5.93	1.25—28.09
个性特质(自控能力强)	−1.89	0.87	4.77	1	0.029	0.15	0.03—0.82
智力(拼图)	−0.29	0.14	4.23	1	0.04	0.75	0.57—0.99

表 5-9 儿童在第二个关键试次中作弊与否的逻辑回归分析结果

第二个关键试次中作弊 与否的影响因子	β	SE	Wald	df	p	OR	95%CI
个性特质(创造性强)	−6.31	3.04	4.31	1	0.038	0.00	0.00—0.70
个性特质(好奇心强)	5.47	2.60	4.41	1	0.036	236.27	1.44—38787.26
个性特质(喜欢争论)	2.40	1.20	3.97	1	0.046	11.02	1.04—116.74

续表

第二个关键试次中作弊 与否的影响因子	β	SE	Wald	df	p	OR	95%CI
个性特质(好胜心强)	−2.74	1.19	5.27	1	0.022	0.07	0.01—0.67
个性特质(喜欢打斗)	−2.54	1.13	5.08	1	0.024	0.08	0.01—0.72
个性特质(自控能力强)	−7.80	3.58	4.75	1	0.029	0.00	0.00—0.46
个性特质(理解能力强)	6.84	3.16	4.70	1	0.03	934.70	1.93—453210.83

就作弊策略的使用和变化情况而言,儿童的认知因素、智力及其他个体因素均对其在两个关键试次中作弊策略的使用及改变具有显著的预测作用(见表 5-10 至表 5-12)。

表 5-10　儿童在第一个关键试次中作弊策略的逻辑回归结果

第一个关键试次中作弊 策略的影响因子	β	SE	Wald	df	p	OR	95%CI
个性特质(好动)	−1.16	0.39	8.63	1	0.003	0.31	0.15—0.68
个性特质(怕生)	0.97	0.36	7.22	1	0.007	2.65	1.30—5.38
个性特质(孤僻)	−1.30	0.50	6.70	1	0.01	0.27	0.10—0.73
个性特质(创造性强)	2.14	0.66	10.60	1	0.001	8.54	2.35—31.05
个性特质(不守纪律)	1.95	0.52	14.00	1	0.001	7.01	2.53—19.44
个性特质(与他人合作)	−1.36	0.44	9.68	1	0.002	0.26	0.11—0.61
智力(词汇)	−0.47	0.14	11.30	1	0.001	0.62	0.47—0.82
智力(图画补缺)	0.51	0.17	9.62	1	0.002	1.67	1.21—2.31
心理理论	−0.94	0.45	4.32	1	0.038	0.39	0.16—0.95
被抓可能性感知	−0.34	0.19	3.14	1	0.076	0.71	0.49—1.04
被惩罚可能性感知	0.97	0.39	6.23	1	0.013	2.64	1.23—5.64
他人违规信念	1.27	0.52	6.04	1	0.014	3.54	1.29—9.72

表 5-11　儿童在第二个关键试次中作弊策略的逻辑回归结果

第二个关键试次中作弊策略的影响因子	β	SE	Wald	df	p	OR	95％CI
个性特质（乖巧）	0.74	0.35	4.38	1	0.036	2.09	1.05—4.16
个性特质（合群）	−1.20	0.48	6.40	1	0.011	0.30	0.12—0.76
个性特质（理解能力强）	1.16	0.43	7.45	1	0.006	3.19	1.39—7.35
智力（几何图形）	−0.26	0.09	8.91	1	0.003	0.77	0.65—0.92
智力（理解）	0.26	0.11	5.20	1	0.023	1.29	1.04—1.61

表 5-12　儿童在两个关键试次中作弊策略变化的逻辑回归结果

两次关键试次中作弊策略的影响因子	β	SE	Wald	df	p	OR	95％CI
智力（词汇）	0.33	0.15	4.89	1	0.027	1.39	1.04—1.86
智力（迷津）	0.40	0.17	5.55	1	0.018	1.49	1.07—2.08
智力（拼图）	−0.58	0.21	7.54	1	0.006	0.56	0.37—0.85
抑制控制	−0.07	0.03	5.56	1	0.018	0.93	0.88—0.99
冒险倾向	0.68	0.33	4.26	1	0.039	1.97	1.04—3.76
被惩罚可能性感知	−0.92	0.42	4.95	1	0.026	0.40	0.18—0.90
个性特质（好动）	−3.18	1.25	6.51	1	0.011	0.04	0.00—0.48
个性特质（怕生）	2.48	0.90	7.54	1	0.006	11.96	2.03—70.33
个性特质（孤僻）	−3.61	1.28	7.97	1	0.005	0.03	0.00—0.33
个性特质（合群）	−2.95	1.32	5.04	1	0.025	0.05	0.00—0.69
个性特质（调皮）	1.94	0.91	4.50	1	0.034	6.93	1.16—41.47
个性特质（创造性强）	3.97	1.44	7.58	1	0.006	53.07	3.14—896.41
个性特质（不守纪律）	1.42	0.71	3.99	1	0.046	4.12	1.03—16.52
智力（词汇）	−0.67	0.27	6.49	1	0.011	0.51	0.30—0.86
智力（图画补缺）	1.37	0.49	7.82	1	0.005	3.92	1.51—10.23
智力（算术题）	−0.91	0.42	4.74	1	0.029	0.40	0.18—0.91

首先,认知因素的影响主要表现在儿童对作弊策略的选择方面。具体表现为:心理理论水平越高的儿童在第一个关键试次中越倾向于采用违规程度相对较低的Ⅰ类策略;抑制控制水平越高的儿童,在两个关键试次中越倾向于采用一致的作弊策略;冒险倾向越高的儿童,在两个关键试次中越容易表现出作弊策略升级效应(即由使用违规程度较低的Ⅰ类策略改为使用违规程度较高的Ⅱ类策略);感知到被惩罚的可能性越大的儿童,在第一个关键试次中更倾向于使用Ⅱ类作弊策略,并且更倾向于在第二个关键试次中继续使用此策略;对他人作弊行为的信念得分越高的儿童,越倾向于在第一个关键试次中使用Ⅱ类作弊策略。另外,道德评价中感知到被抓的可能性也影响着儿童的作弊行为和策略,即若儿童知觉到被抓的可能性越高,则越倾向于在两个关键试次中至少作弊一次,且也越倾向于在第一个关键试次中采用Ⅰ类作弊策略。换句话说,知觉被抓可能性高的儿童更倾向于采用违规程度相对较小的方式作弊。

其次,智力和其他个体因素对儿童在两个关键试次中的作弊策略也具有显著的预测作用。具体而言,一方面,创造性、不守纪律、好动、孤僻、怕生、善于与他人合作,以及智力测验中词汇和图画补缺得分对儿童在第一个关键试次中的作弊策略具有一定的影响。其中,创造性、不守纪律、怕生以及图画补缺测验得分越高的儿童,越倾向于在第一个关键试次中使用Ⅱ类作弊策略;而好动、孤僻、善于与他人合作及词汇测验得分越高的儿童,越倾向于在第一个关键试次中使用Ⅰ类作弊策略。

另一方面,合群、乖巧、理解能力、智力测验中理解和几何图形得分与儿童在第二个关键试次中的作弊策略具有一定的关联。具体来说,乖巧、理解能力强、理解测验得分越高的儿童,越倾向于在第二个关键试次中使用Ⅱ类作弊策略;合群、几何图形测验得分越高的儿童,越倾向于在第二个关键试次中使用Ⅰ类作弊策略。

最后,创造性、合群、怕生、孤僻、好动、调皮、不守纪律以及算术、迷津、拼图、词汇和图画补缺等智力测验得分与儿童在两个关键试次中的作弊策略选择具有一定的关联。具体而言,怕生、创造性强、调皮、不守纪律和图画补缺测验得分高的儿童在两个关键试次中倾向于一直使用Ⅱ类作弊策略;合群、孤僻、好动以及算术、词汇测验得分越高的儿童,在两个关键试次中越倾向于一直使用Ⅰ类作弊策略;迷津、词汇两项测验得分越高的儿童在两个关键试次中越倾向于升级作弊策略。此外,儿童在拼图测验中的得分越高,则越倾向于在两个关键试次中保持作弊策略不变,即一直使用相同的作弊策略。

第三节　讨论与启示

在本章的研究中,笔者将抵制诱惑范式和自我批改范式加以结合,创设了能够同时考察学龄前儿童作弊行为、作弊策略及其动态变化的实验范式。在此基础上,采用问卷法对包括心理理论、执行功能、道德评价、反事实推理、冒险倾向、关于他人违规行为信念等在内的认知变量,以及智力、个性特质和问题行为等一系列个体因素进行了测量,从而考察这些个体因素对儿童作弊行为和作弊策略的影响。研究结果表明,绝大多数3岁和5岁儿童均做出了作弊行为(作弊率均超过85%),作弊率并不存在显著的年龄差异。该结果与以往相关研究结果一致(Evans, O'Connor, Lee, 2018; Fu et al., 2016; Lewis, Stranger, Sullivan, 1989)。以往采用经典抵制诱惑范式的研究均发现,在有物质奖励的情况下,80%—90%的3—5岁儿童会做出作弊行为。

在作弊策略方面,大多数(超过70%)在两个关键试次中均作弊的3岁和5岁儿童倾向于采用相同的策略作弊,即或是一直使用Ⅰ类作弊策略(先圈后改答案),或是一直使用Ⅱ类作弊策略(直接偷看并圈出正确答案)。同时,有且仅有3岁儿童表现出明显的作弊策略升级现象,即在第二个关键试次中使用Ⅱ类作弊策略的3岁儿童人数明显提升。也就是说,部分3岁儿童在游戏的互动中逐渐意识到可以使用更简单直接的方式作弊(即直接偷看并圈出正确答案)。对于5岁儿童而言,无论是第一个关键试次还是第二个关键试次,使用两类策略的人数均相近,即不存在明显的策略偏好。

在个体因素方面,笔者通过分析各个体因素与儿童在两个关键试次中的作弊行为、作弊策略及策略变化之间的关系,获得了较为丰富的结果。归纳发现,认知因素主要影响儿童作弊策略的使用和转换,而智力和个性特质对儿童作弊与否、作弊策略的选择及其在两个关键试次上的动态变化均有相对广泛的影响。智力测试涵盖了对儿童言语理解、抽象概括、整体与局部关系处理、社会适应以及信息组织等多个方面能力的考察。而上述各项能力能为儿童处理和加工信息以及决策提供有效的支持与保障,正因如此,智力对儿童作弊行为和作弊策略的选择具有相对广泛的影响。

值得注意的是,本研究揭示了心理理论、感知到的被抓可能性和被惩罚可能性等道德评价因素对儿童早期作弊行为的显著影响,然而,这些因素主要影响的是作弊的策略选择,而非作弊与否这一决策。以往数量有限的研究均采用经典的抵制诱惑范式(Ding et al.,2014;Gottman,1986),该范式只关注儿童是否作弊以及作弊的潜伏期，却未涉及作弊策略等更深层次的信息。本研究通过创设抵制诱惑范式的变式，将作弊策略及其动态变化纳入考察范围，从而揭示了上述在以往研究中未曾发现的、影响作弊策略的认知因素。可以说，本研究对于作弊行为及其策略选择的系统探究与考察，不仅丰富了我们对于作弊行为发展的影响因素的认识，也为未来的进一步研究提供了新的、可借鉴的范式。

由于学龄前儿童处于身心发展的关键期，未来可以考虑对影响儿童早期作弊行为的特定个体因素进行追踪研究，尤其是个体的认知、智力等。Bloom（1964）根据对1000名被试的长期追踪提出了智力发展假说，认为个体17岁时的智力发展水平会达到100％。该假说认为，儿童4岁时智力发展就已经达到了50％，而8岁时达到了80％，剩余的20％则是在8—17岁发展成熟。这意味着儿童早期的智力水平处于一个快速发展阶段。因此，未来可以通过追踪研究考察不同年龄段学龄前儿童的智力水平与其作弊行为之间的关系及变化趋势，为深入探究儿童早期作弊行为的发展机制打下基础。

未来的研究也可以进一步考虑以更加客观的方式衡量学龄前儿童的认知水平。虽然本研究发现了部分认知因素（如道德评价中的被抓可能性和被惩罚可能性感知、冒险倾向、他人违规信念等）对儿童早期作弊行为的影响，然而这些数据均通过主观测量的方式获得，故结果可能存在一定的偏差。因此，未来可以考虑从认知神经科学角度，获取更加科学且客观的数据，来衡量儿童的认知发展水平对其作弊行为的影响。在本书第六章中，将重点介绍这方面已有的研究成果。

　　最后,本章的研究给予了我们一定的启示:在日常生活与学校教育中,家长与教师需要特别重视对儿童认知、智力及个性等方面的培养,因为这些能力的培养有助于减少儿童的作弊行为,促进其诚信行为的发展。例如,为了减少甚至消除儿童的作弊行为,家长和教师可以有意识地培养儿童的自控能力,以增强儿童抵制诱惑的能力。

第六章

儿童早期作弊行为的认知神经机制

第一节　功能近红外成像揭示作弊行为的神经机制

人脑是人类行为的中枢,有关行为的研究不仅关注行为学方法本身,也有对神经机制层面的解读。目前,主流的认知神经科学研究手段包括功能磁共振成像(functional magnetic resonance imaging,fMRI)、事件相关电位(event-related potential,ERP)、功能近红外光谱成像(functional near-infrared spectroscopy,fNIRS)、脑磁图(magnetoencephalography,MEG)、经颅磁刺激(transcranial magnetic stimulation,TMS)等,这些技术都能在不同程度上呈现人类行为背后的神经机制。作弊是一种基于复杂认知过程的行为,探究其产生的神经生理机制,对于了解人类道德行为形成的动因具有重要意义。目前,从行为层面揭示儿童作弊行为发生发展特征的研究日益增多,但从神经机制层面探究其内在认知过程的研究仍然很少。对神经机制的探究不仅是行为研究结果的有力佐证,而且对于揭示其行为背后的内在机理、思维过程、信息加工过程、决策过程等都有着重要的参考意义。

迄今为止,有关作弊神经机制的研究主要集中在成人,但少量研究结果也已在儿童中得到证实。而且,在成人研究中发现的神经特征对于从发展的角度理解作弊行为的产生及其与认知过程的关系有着至关重要的意义。从神经激活层面理解儿童的作弊行为,可基于两种思路:第一,基于已有研究所发现的神经激活模式,可将同一名儿童作弊时的脑激活模式与未作弊时的脑激活模式进行对比,从而分析作弊行为与其他认知过程脑激活模式的关系,判断作弊行为的发生可能与哪些认知活动有关,并与成人进行对比,描述年龄发展特征。第二,可以将作弊儿童和未作弊儿童的脑激活模式进行比较分析,再与成人的脑激活模式进行对比,从神经激活的差异性角度分析儿童作弊行为的产生与发展状况,更深入阐释儿童作弊行为的发展与其认知发展、脑发育的关系。

目前,功能近红外光谱成像以其较高的生态性、在自然情境中的可操作性,成为社会认知领域研究的常用技术手段。功能近红外光谱成像是一种基于头皮的光学光谱测量方法,用于观测脑组织中的血氧饱和水平(blood oxygen level dependent,BOLD)。在个体完成认知任务时,大脑出现相应的激活,对氧的需求量会增加,能够通过与神经元代谢活动相关的含氧和脱氧血红蛋白的变化,测量出因氧需求量增加而引发的代偿性血流动力学反应。与功能磁共振成像相比,功能近红外光谱成像的空间分辨率较低,范围局限于外皮层,但其生态性和可操作性显著优于功能磁共振成像,尤其对于以儿童为对象、在自然情境下进行的实验研究而言。此外,功能近红外光谱成像的空间分辨率也明显优于事件相关电位技术,有助于确定大脑激活的区域,但时间分辨率较脑电图低,这主要是由于含氧与脱氧血红蛋白浓度变化需要一定的时间来反映,每开始一次新的观察,都需要等待血红蛋白浓度回落到基线水平。值得一提的是,与功能磁共振成像和脑电图相比,功能近红外光谱成像较少受到个体所做动作的干扰,这使我们能够在实验室之外的生态性较高的环境中,在个体与他人互动、合作、对话等状态下研究其脑激活情况,因而格外适合用于年龄较小的儿童(Boas et al.,2014;Pinti et al.,2018)。

一、执行功能的作用与认知负荷效应

大多数作弊行为都需要大量的认知投入,且在神经机制中得以体现。以往研究已经发现,相对于诚信行为,作弊行为更加需要执行功能的参与,包括注意、抑制控制、工作记忆、认知转换、计划、问题解决等(Abe et al.,2008;Christ et al.,2009)。因此,相比于诚信行为,作弊行为会引发更明显的前额叶区域激活。大量神经影像学研究已经证实,不论是受实验者指示做出的欺骗行为,还是个体自发做出的欺骗行为,都与前额叶皮层的激活密切相关。这充分证明,在实验室环境下,作弊行为相比诚信行为需要付出更多脑力劳动,即涉及更大的认知负荷。在作弊过程中,个体需要将与任务相关的信息(如诚信规则)保持在工作记忆中,充分考虑作弊或诚信行为的成本和收益、作弊所面临的后果及严重性。在作弊后,个体往往需要采取与事实相反却又尽量不被揭穿的反应方式,甚至尝试通过调节眼球运动、面部表情和肢体语言来避免作弊被发现。

在这方面,以往关于成人欺骗行为的研究提供了不少佐证。Toglia 等(2022)采用 DRM(Deese-Roediger-McDermott)范式,考察真实记忆与欺骗的功能近红外光谱成像脑激活模式,研究发现,与真实记忆相比,欺骗在前额叶区域产生了更多的激活,尤其是背外侧前额叶皮层。这与以往一项基于功能磁共振成像研究的元分析结果一致,即无论是受指示的还是自发的欺骗行为,都会增加前额叶激活程度,尤其是背外侧前额叶皮层(Yu et al., 2019)。Lin 等(2021)使用功能近红外光谱成像技术测量了纸牌游戏中个体背外侧前额叶皮层和前额叶皮层前部的活动。该研究发现,个体在欺骗对手时,双侧前额叶区域均比其说真话时更活跃。而且,Li 等(2018)使用功能近红外光谱成像研究发现,当有较少欺骗行为的个体做出欺骗行为时,其左侧额中回激活更为强烈。这说明,对于此类个体,欺骗造成了更多认知负荷,做出欺骗决定似乎比说真话更为不易。Ito 等(2012)使用功能磁共振成像技术分别测量了个体准备说真话或欺骗时的大脑活动,以及几秒钟后实际做出说真话或欺骗行为时的大脑活动。结果发现,在行为准备阶段,当个体事先知道其将被要求说真话或欺骗时,与事先不知道自己将被要求说真话或欺骗的试次相比,左侧背外侧前额叶皮层激活更明显;在实际行为执行阶段,个体做出欺骗行为时比说真话时表现出更为明显的左侧背外侧前额叶皮层激活。上述结果证实,人脑产生和加工各种不符合真实情况的信息是耗费认知资源的,左侧背外侧前额叶皮层恰恰负责指导个体为真实和欺骗性的反应做好准备。

相比于针对成人的研究,针对儿童的研究还非常少。丁晓攀(2012)采用功能近红外光谱成像技术,对儿童欺骗行为的神经机制进行了探究。该研究通过对7—12岁儿童自发欺骗行为和功能近红外光谱成像数据的分析,系统记录了儿童欺骗行为发生的神经过程,并将该过程中的大脑神经活动模式与成人进行比较,考察儿童欺骗行为的神经机制随年龄发展的趋势;与此同时,观察猜错欺骗、猜错说真话以及猜对说真话三种条件下儿童含氧血红蛋白浓度的变化情况,从而揭示了儿童自发欺骗行为的神经机制,以及执行功能、奖赏机制等在儿童欺骗行为发生过程中的作用。

这项研究采用了经济学领域常用的猜硬币范式。实验在计算机上进行，儿童坐在电脑前，屏幕的左侧或右侧将出现一枚硬币，儿童需要在硬币出现之前，对硬币出现的位置（左侧或右侧）进行猜测。为了记录儿童每次猜测的结果，又不让其发现自己的猜测结果已被记录，研究者对桌子进行了特殊设计，即在抽屉里事先安装了红外摄像头。在实验中，儿童被告知需将手伸到抽屉里，通过动自己的左手和右手手指来表示猜测结果（然而，儿童所不知的是，抽屉里的红外摄像头将实时记录下其手部动作）。儿童猜测完毕后，硬币就会出现在屏幕的左侧或者右侧，然后屏幕上会出现一行字，询问儿童硬币的位置是否与其之前的猜测相同。儿童需要口头回答相同与否，主试对其回答进行记录。为了最大程度激发儿童的作弊行为，主试对硬币出现的位置进行了实时控制，以确保硬币的实际位置与儿童猜测相吻合的试次只占全部试次的 1/3。也就是说，如果儿童在实验中完全诚实，那么其猜错的次数将远远大于猜对的次数。每名儿童需要完成 3 轮（每轮 12 个试次）共计 36 次猜测，猜对得分，猜错则扣分。如果得到高分，儿童就可以获得奖品。

研究结果显示，与说真话相比，儿童在欺骗条件下，左侧额中回与右侧额上回呈现出更明显的含氧血红蛋白浓度变化。其中，额中回主要与认知转换相关，是目标导向行为的核心区域之一（Aron et al.，2004），而右侧额上回主要与反应抑制相关（Nee，Wager，Jonides，2007）。这两个区域都属于前额叶皮层，都是与执行功能有关的重要脑区。由此可见，认知转换能力使儿童可以在欺骗和说真话之间进行灵活转换，从而快速做出欺骗或说真话的决策，而反应抑制能力主要使儿童在欺骗过程中抑制真实反应，以成功做出欺骗行为。此外,该研究考察了不同条件下儿童神经活动模式与年龄的相关性,结果发现,猜对说真话和猜错说真话条件下的血氧信号变化差异值与年龄呈现显著的负相关。这说明,年龄越小的儿童,在面对损失(扣分)时可能产生更大的神经激活反应。

前人的研究曾指出,儿童欺骗行为的发生率呈倒 U 形曲线趋势,从 3 岁到儿童中期,儿童欺骗行为的发生率随年龄的增长而逐渐增加;进入儿童中期后,欺骗行为的发生率随年龄的增长而减少(Evans & Lee,2011)。这种倒 U 形发展趋势与冷、热执行功能的发展进程有关。冷执行功能主要指基于信息加工的基础性认知功能,如抑制控制、工作记忆、认知转换等,主要与背外侧前额叶皮层有关;热执行功能主要涉及情绪与动机的复杂加工过程,主要与腹内侧前额叶皮层有关(Hongwanishkul et al.,2005)。儿童中期前(3—7 岁)是冷执行功能发展的关键时期,这一阶段发展的关键在于儿童是否能够成功抑制说真话的冲动。因此,随着年龄增长,冷执行功能发展完善,儿童成功抑制真实反应的概率变高,欺骗的发生率也随之提高。进入儿童中期(7—16 岁)之后,儿童已经基本具备了欺骗所需的冷执行能力,此时作弊的动机开始受到情绪、自我评价、社会性水平等因素的影响。因此,欺骗行为表现出随年龄增长而逐渐下降的趋势。

上述研究均证实了欺骗的认知负荷理论。而作弊作为一种特殊的欺骗行为,其认知神经机制很可能与上述相似,即相比于做出诚信行为,作弊可能需要更多的认知资源,以及额外的认知控制过程。例如,抑制诚信反应,同时构建作弊反应,并付出认知努力以保证作弊成功。因此,执行功能在儿童作弊行为发展中可能同样扮演着重要的作用。与此同时,由于执行功能随儿童年龄的增长而发展,不同阶段(如儿童早期、中期和后期)呈现不同的发展特征,故要以发展的角度,辩证地看待其在儿童作弊行为发展中的作用。在实际教育过程中,更要捕捉作弊行为背后的动因,进行有针对性的引导,以找到适合儿童年龄发展规律的诚信教育方法和作弊干预策略。

二、奖赏系统的作用与作弊动机

作弊行为的形成往往离不开奖赏系统的参与,获得奖赏很可能是个体做出作弊决策的重要动机之一。在针对成人的研究中,研究者已经发现,由于奖赏机制的存在,被试未出错时诚实报告成绩的行为,相比出错时诚实报告成绩的行为能引发更强的前额叶皮层激活。在儿童中也同样存在类似的奖赏机制。

在上文中已经提到,丁晓攀(2012)采用功能近红外光谱成像技术对7—12岁儿童欺骗行为的脑激活情况进行了探究。研究发现,相比猜错说真话条件,在猜对说真话条件下儿童左侧额上回引起了含氧血红蛋白浓度更大的变化。这是由于猜对说真话意味着能够得分,而猜错说真话则意味着要被扣分。在整个实验过程中,儿童需要取得更多分数以赢取奖品。所以,这一结果证实了奖赏机制的存在,且该机制在儿童时期就已出现。这项研究的另一个重要发现是,考察在猜对说真话和猜错说真话两个条件下儿童前额叶的含氧血红蛋白浓度变化的差异,便能预测其是欺骗者还是说真话者。对于作弊的儿童,较之猜错说真话条件,其在猜对说真话条件下的含氧血红蛋白浓度变化更大,说真话的儿童则相反。由此可以推断,猜对说真话和猜错说真话条件间的前额叶含氧血红蛋白浓度变化差异是奖赏机制的参与导致的,也就是说,从奖赏机制对猜对说真话条件和猜错说真话条件的影响程度可以预测儿童的欺骗行为。不仅如此,奖赏机制还可以预测欺骗行为的发生,即猜对说真话条件和猜错说真话条件的前额叶含氧血红蛋白浓度变化的差异越大,儿童首次欺骗出现的时间就越早。

上述针对儿童的研究结果与针对成人的研究结果共同表明,奖赏机制很可能是儿童作弊行为发生的重要内在机制,是作弊的重要动机来源。奖赏机制的驱动是作弊行为产生的一个本质原因。因此,在日常教育和相关规则制定的过程中,应重视奖赏机制的调节作用,这将可能有效抑制儿童的作弊行为。

除了获得奖赏之外,作弊往往还存在一个与之相对的动机,即避免惩罚。在现实生活中,人们常常出于获得奖赏或避免惩罚的动机而作弊。例如,交通事故的受害者可能会通过作弊以获得更多的赔偿,而肇事者可能会采用作弊的手段以使自己免受责任追究。负面偏向原理(the principle of negativity bias)表明,损失主观价值比获得主观价值更重要(Baumeister et al.,2001)。这表明,惩罚对个体的影响可能比奖赏更大。因此,与获得奖赏相比,避免惩罚可能更容易导致个体做出作弊行为,故当个体为避免惩罚而作弊时,前额叶皮层的激活反应可能比获得奖赏而作弊时更加明显。

Li 等(2015)采用功能近红外光谱成像技术考察了不同动机(获得奖赏和避免惩罚)驱动下的欺骗行为是否会导致前额叶皮层不同的激活反应。在这项研究中,研究者采用了伪装记忆障碍范式,每个参与者被要求在三种不同的实验条件下执行人脸识别任务(判断之前是否见过照片中的人脸):(1)控制条件;(2)为了获得奖励而欺骗的条件;(3)为了避免惩罚而欺骗的条件。人脸识别任务采用 32 张照片(16 张名人照片和 16 张非名人照片)作为刺激,要求参与者报告其是否见过照片中的人。在控制条件下,参与者被要求在没有任何其他指示的情况下一直说真话(在没有任何其他动机的情况下说真话被认为是基线反应)。在为了获得奖励而欺骗的条件下,参与者被告知,计算机正在记录数据,其需要使用一些策略来"欺骗"计算机,告诉计算机自己有记忆障碍。因此,当参与者执行人脸识别任务时,应该有策略地说真话和说假话,而不是一味地说假话。在实验结束时,计算机会根据参与者的表现来评估其是否有记忆障碍。如果参与者成功地欺骗了计算机,就将获得10元奖励。在为避免惩罚而欺骗的情况下,参与者得到了同样的指令,唯一不同的是,参与者被告知如果没有成功欺骗计算机,将失去10元作为惩罚。该任务的重点在于考察参与者欺骗计算机的策略,其必须在说真话和说假话之间灵活转换,合理分配,才能够成功骗过计算机。在这一过程中,动机对行为控制的调节至关重要。

在实验过程中,研究者利用功能近红外光谱成像技术来观察受不同动机驱动的欺骗行为背后的神经反应,即考察为获得奖励和为避免惩罚条件下说假话时前额叶皮层神经激活模式的差异。

首先,该研究结果显示,无论是为了获得奖励而欺骗,还是为了避免惩罚而欺骗,前额叶皮层中的含氧血红蛋白浓度增加幅度都显著大于说真话条件,这再次证实了前额皮层在欺骗中的重要作用。尤其值得注意的是,这两种动机都激活了右侧额下回。在前额叶皮层中,右侧额下回与抑制真实反应的关系最大。也就是说,当参与者试图通过伪装记忆障碍的方式来欺骗时,需要付出更多努力来抑制自己的真实反应。一个有趣的发现是,在两种欺骗条件下,说真话试次呈现出与说假话试次相似的激活模式,这表明,在这一范式中,当参与者说真话时,其仍然怀有试图欺骗的目的,这也是整个欺骗策略的一部分。在欺骗中穿插一些真话,并不需要个体抑制真实反应,却仍然有助于成功假装记忆障碍。也就是说,这是一种伪装的抑制真相的方式。总的来说,这些结果表明,使用伪装记忆障碍策略欺骗的神经信号是可以被检测到的。

与此同时,该研究结果显示,当出于两种不同的动机欺骗时,前额叶皮层会呈现出不同的神经激活模式。与对照组相比,为获得奖励而欺骗与右侧额下回的更大激活有关,而为避免惩罚而欺骗与右侧额下回和左侧额中回的更大激活有关。此外,为避免惩罚而欺骗的试次比为获得奖励而欺骗的试次呈现出更为明显的左侧额中回激活。这些结果支持了"惩罚可能比奖励对个体影响更大"这一观点。在面对惩罚时,参与者对消极后果的关注程度越高,其对欺骗任务的关注程度就越高,从而更努力地抑制真相。这些影响体现在,与基线相比,在为避免惩罚而欺骗时,左侧额中回的激活更多。虽然右侧额下回和左侧额中回均与欺骗有关,但仍存在一些差异。一般来说,右侧额下回是抑制真相的最关键大脑区域,甚至被认为是成功欺骗的神经标记。然而,左侧额中回与其他认知功能相联系,如工作记忆。因此,在为避免惩罚而欺骗时,参与者需要额外的努力来保持和加工大脑中的相关信息,并在回答问题时努力制造误导性,这些认知加工过程将有助于其更好地抑制真相,达到成功欺骗的目的。

目前,大部分考察欺骗动机的研究集中在一级欺骗。在一级欺骗中,欺骗的接受者不知道欺骗者的欺骗意图。然而,在二级欺骗中,接受者完全能够意识到欺骗者的欺骗意图,欺骗者在此种情形下需要努力骗过接受者。

Ding 等(2014)使用功能近红外光谱成像技术,考察二级欺骗的神经激活模式。该研究采用"猜硬币"范式,即欺骗者将硬币放在其中一只手中,接受者猜测硬币在哪只手上。每次猜测之前,欺骗者会告诉接受者硬币在哪里,努力达到误导接受者的目的。在这一过程中,为了不让接受者成功猜出,欺骗者无论说假话还是说真话,都带有欺骗目的。该研究结果显示,相比非欺骗控制条件,二级欺骗条件引起了明显更大的右侧额上回激活。右侧额上回在复杂的协调计划中起着重要作用,特别是在对目标的处理和执行过程方面(Fincham et al.,2002)。在当前范式中,为了欺骗,参与者必须决定是使用说假话欺骗策略还是使用说真话欺骗策略。这一决定需要参与者考虑过去使用谎言或真相来欺骗的经验及成功概率。这显然是一项对认知加工要求很高的执行任务。相比之下,在非欺骗性的控制条件下,参与者只需要报告事件的真相。

此外,该研究还发现,欺骗成功的试次比失败的试次引发了更强的前额叶皮层神经反应,且这种差异普遍存在于前额叶区域的全部 24 个通道上。由于成功和失败的唯一区别是赢得或失去硬币,因此,神经反应的差异可以归因于获得或失去金钱奖励,即前额叶区域活动的增强可能反映了奖赏系统的参与。已有的功能磁共振成像研究已经确定了"奖励"的神经网络(Haber & Knutson,2010),在这个网络中,前额叶皮层是一个主要区域,将对奖励的感知与高级认知和情感功能连接起来,而腹侧纹状体从前额叶皮层接收主要的皮层输入,并将其投射回前额叶皮层。在当前的任务中,欺骗成功导致获得硬币,而欺骗失败导致失去硬币,故"奖励"网络的皮层区域激活模式不同,引发了含氧血红蛋白浓度变化的差异。因此,对于二级欺骗任务来说,由于欺骗者更加重视欺骗是否成功,且投入的认知资源更多,其欺骗结果对于奖赏环路的调动也更为明显。

三、"双人神经科学"在作弊研究中的应用前景

作弊是否成功的关键因素在于,能否成功地骗过他人。因此,在生活中,作弊并非只涉及单一个体,对于作弊的研究应该考虑在人际互动环境中进行。传统的社会神经科学研究着重关注社会刺激对个体大脑激活的影响,即使涉及互动,也是以计算机为媒介进行模拟,例如,观看互动视频、线上虚拟互动对象等。然而,这种方法很难直观地反映现实生活中的人际互动。因此,社会神经科学家正在转向"双人神经科学"(second-person neuroscience)方法(Schilbach et al.,2013),这种方法强调个体如何通过调节来自互动对方的双向信息交换来相互影响。超扫描(hyperscanning)指同时记录参与同一认知活动的两人或多人的脑活动,通过分析脑间神经同步及与行为指标之间的关系,揭示社会互动相关的脑机制(Gvirts & Perlmutter,2020)。近年来,越来越多的研究者开始基于功能近红外光谱成像超扫描技术来测量与社会互动相关的脑间神经同步(interbrain neural synchrony,IBS)情况。

功能近红外光谱成像超扫描技术用于考察两个及以上成员在不同形式的社会互动中的神经系统同步情况,称为脑间神经同步。脑间神经同步主要涉及两大神经系统,即镜像神经元系统(mirror neuron system,MNS)和心智化系统(mentalizing system,MS)。其中,镜像神经元系统主要涉及观察及模仿他人行为和动作,包括额下回、顶下小叶和颞上回;心智化系统主要涉及根据手势、行为和表情尝试理解他人意图和情绪,包括前额叶、颞顶联合区和楔前叶(Shamay-Tsoory et al.,2019)。Sip(2012)提出,欺骗主要包括三

个认知过程：心智化、决策（包括冒险和奖励处理），以及行为抑制和控制。这便为通过观察脑间神经同步来探索互动中欺骗行为的神经过程提供了可能性。脑间神经同步的计算主要使用小波变换相干性方法，首先以超扫描技术同步采集两名或多名互动成员的功能近红外光谱成像数据，然后使用小波变换相干性处理工具包（Grinsted et al.，2004）计算相干值，再将任务态与静息态相干值的差值作为脑同步增量，与行为指标进行对比分析。

为了更好理解欺骗过程中的人际互动，Zhang 等（2017）采用功能近红外光谱成像超扫描技术，测量两名参与者在赌博纸牌游戏互动中的额颞叶激活模式及脑间神经同步。在这一任务中，两名参与者轮流扮演"银行家"和"追随者"，"银行家"能够看到自己的牌并带头下注，"追随者"根据"银行家"下注而决定是否追随下注。如果追随，则牌底数更大的一方获胜，如果不追随，"银行家"自动获胜。这一过程中，"银行家"可以虚张声势欺骗"追随者"，"追随者"也需要判断"银行家"是否在欺骗他。研究结果发现，在"银行家"下注期间，相较诚实情境下，"银行家"欺骗时其颞顶交界表现出更高的激活水平。两名参与者的脑间神经同步分析进一步表明，与诚实情境相比，欺骗情境下银行家—追随者左侧后颞上沟表现出更多的脑间相干性。Tang（2016）的研究也揭示了右颞顶联合区在自然发生的面对面经济交换中存在脑间神经同步。该研究证实，后颞上沟与心理理论和共同注意密切相关，互动双方共同关注同一个对象，从而理解并预测对方的行动和意图；而颞顶联合区在处理有关未来行为的社会信息时发挥着独特的作用。格兰杰因果分析（Granger causality test）结果也显示，在欺骗条件下，银行家—追随者的脑间神经同步方向比诚实情境下更强。这意味着，在互动中信息流的主要方向是从"银行家"到"追随者"。由此可见,与追随者相比,领导者的活动在预测结果方面很可能更为重要。而在这项研究中,"银行家"领导了任务的进程并影响了"追随者"的决策,故其在欺骗情境下对结果产生更强的影响。

总之,在双人互动中,欺骗行为的产生和作用机制能够通过颞上沟和颞顶联合区的脑间神经同步而被观测到,而且,格兰杰因果分析也能观察到欺骗者主导的信息加工过程和信息流向。因此,在未来研究中,将功能近红外谱成像超扫描技术应用于儿童作弊行为研究,考察人际互动因素对作弊行为产生的影响,将是一个非常有前景的研究方向。

第二节　功能磁共振成像揭示作弊行为的内在控制机制

一、研究背景

正如前文所述,对作弊行为的研究已经持续了近一个世纪(Hartshorne & May, 1928),主要涵盖了从学龄儿童到成人的多个年龄阶段。目前,有关作弊的行为研究主要基于外显的二元作弊测量(overt binary cheating measures),即参与者知道存在明显的作弊机会,需要明确决定是否要这样做(Bucciol & Piovesan, 2011)。这些研究发现,儿童作弊率高达42%—82%(Evans & Lee, 2011; Piazza, Bering, Ingram, 2011; Talwar & Lee, 2008)。因此,作弊行为从儿童时期开始就是相对普遍的,对这一行为的产生机制和发展特点进行研究,对于深入理解作弊行为,减少作弊的负面影响至关重要。

虽然到目前为止,有关作弊行为的研究大多集中于对外显的二元作弊进行考察,即个体需要做出是否作弊的决定。但是,在日常生活中,作弊行为常常发生于相对不易察觉的违反规则的情境。在这种情境下,个体注意到存在作弊机会,并无意识地调动认知资源到作弊的行为倾向上。已有研究发现,即使个体明知自己的行为是被监控的,仍然会做出作弊这一行为选择(Pittarello et al.,2015)。因此,相对于外显的二元作弊测量,内隐的作弊决策机制更有助于从认知层面理解个体实施作弊的心理过程和内在机理,而神经机制层面的探究能够很大程度上将上述内隐过程呈现出来,并提供强有力的量化证据和神经生理指标。

行为经济学领域的经典观点认为,人有两大思维系统,一是直觉思维系统,二是理性思维系统。人们在面对决策时,常常首先启动直觉思维系统,在理性思维系统对其评估之前,就可能快速做出决定或反应。作弊行为同样存在一个这样的机制,即在很多情境下,个体未经理性思维系统的分析,就已依靠直觉思维系统启动了作弊的认知加工模式和行为反应。对作弊的内隐认知控制过程进行探究,将为作弊行为的干预提供更有针对性的方法。

以往的相关研究考察了个体在做出欺骗行为时认知控制机制的激活与否,以此作为探究"诚实是不是人们的直觉反应"这一问题的证据。这种思路的潜在假设是:有意控制的行为需要调用认知控制来抑制直觉反应。然而,在诚实和欺骗行为中,除了有意作弊的驱动之外,还可能存在其他原因,需要个体进行认知控制。Sai 等(2021)对 58 项神经影像学研究(累计 1211 名受试者)进行了元分析,系统考察了不同形式的诚实和欺骗行为,并指出,许多先前被证实涉及欺骗的大脑区域可能反映了更为普遍的认知机制。这项研究发表在《美国科学院院刊》(*Proceedings of the National Academy of*

Sciences of the United States of America，PNAS）上。该研究发现，动机/意志维度是有意欺骗的核心，并提供了有意欺骗行为引发前扣带皮层激活的证据。

在这项元分析中，研究者指出，对于诚实与欺骗这一话题，存在一个哲学、心理学、神经科学等不同的学科都试图解决的关键性问题，即人在本质上是诚实的还是不诚实的。表面看来，这是一个哲学层面的议题，但从动机、抑制控制、思维形式、社会性因素感知等层面出发，这又是一个能够以科学手段用客观数据来回答的问题。总的来说，反映一个人"真实"本性的直觉行为往往不需要认知控制。因此，如果人的本质是不诚实的，那么就需要有意识地调动认知控制来做出诚实的反应。相反，如果人的本质是诚实，那么就需要认知控制来做出不诚实的行为。

时间压力或认知消耗等方法被认为是能够检验上述假设的较好方法。因为直觉行为往往是在人们可支配的认知资源有限的情况下做出的，此时人们无法监测、评估并最终改变自己的行为。神经影像学方法则通过考察人们在做出诚实和欺骗行为的过程中，与认知控制相关的大脑区域是否得到激活来补充相关证据。例如，一些基于决策模型的神经影像学研究发现，当人们做出诚实行为时，前额叶皮层区域，如前扣带皮层、背外侧前额叶皮层和腹外侧前额叶皮层等会出现神经激活，这些区域与冲突监测、认知控制和反应抑制密切相关。然而，在其他研究中，人们被要求在自传体记忆和事实知识方面说谎，结果也发现了类似的神经激活。由此可见，尽管"将认知控制区域的激活作为有意欺骗的神经生理证据"是一个看似合理的研究思路，但隐含的假设却是值得怀疑的，因为这种假设逻辑意味着，若欺骗行为是在直觉思维的引导下做出的,则其不再需要认知控制过程——这显然是一个不完全合理的假设。例如,当个体做出欺骗行为时,其仍然需要基于反事实思维,抑制真相并形成一个虚假的替代反应。同样,在诚实行为发生时,以诚实为直觉反应的个体出于自我形象和声誉方面的考虑,仍然需要进行一系列自我监测和认知过程。

因此,已有研究中与认知控制相关的大脑区域的激活是有意欺骗还是其他控制过程所导致的,仍未完全澄清。当人们被明确指示做出不诚实行为[指示性不诚实(ID)]和自愿做出不诚实行为[自发不诚实(SD)]时,与有意欺骗无关的认知过程都会出现。然而,ID与SD的不同之处在于,ID不涉及自愿选择是否欺骗所引发的内部冲突。因此,与有意欺骗相关的认知控制机制应该只在SD中出现。最后,由特定任务要求引起但与不诚实无关的认知过程应该只在ID中出现。

二、研究方法

首先,该研究使用Web of Science对2001年至2019年(截至2019年6月)发表的同行评审文章进行了系统搜索。搜索中使用了以下关键词:"lie(说谎)""deception(欺骗)""feigned(假装)""malingered(装病)""dishonest(不诚实)"和"cheating(作弊)",以及功能磁共振成像和磁共振成像。文献同时需满足以下条件:(1)受试者是健康的成年人;(2)采用功能磁共振成像技术作为成像方式;(3)报告了诚实与不诚实之间的对比;(4)全脑分析,不包括兴趣区(ROI)分析;(5)报告了标准化3D定位空间中的神经激活(talairach或montreal neurological institute,MNI)。最终纳入元分析的研究有58项。在这些研究中,41项研究考察指示性诚实/欺骗(即参与者受指示而做出诚实或欺骗行为);16 项研究考察自发诚实/欺骗(即参与者自主决定做出诚实或欺骗行为),1 项研究同时考察了指示性和自发诚实/欺骗。

其次,研究者采用脑成像元分析方法对激活程度进行似然比估计。基于坐标的 ALE 元分析使用 Ginger ALE 软件,以识别确认实验中与诚实/欺骗相关的一致性激活脑区。ALE 计算出不同功能神经成像研究中的激活区域在标准化空间中的聚合度。研究中所提供的受试者数量则被用于衡量结果的稳定性和可变性。ALE 算法的假设是,更大的样本量将给出更可靠的、更接近实际的激活模式。

最后,该研究利用基于任务的元分析连通性建模(MACM)和无任务静息态功能连通性分析(RSFC)分别检验了元分析结果的共通激活和功能连通性模式。

三、研究结果

通过对 58 项已有神经成像研究进行脑成像元分析,该研究考察了参与者指示性诚实/欺骗范式和参与者自发诚实/欺骗范式中的脑激活模式。首先,欺骗行为的神经模式非常相似,涉及腹外侧前额叶皮层、前扣带皮层、背外侧前额叶皮层和顶下小叶等区域。然而,对于诚实行为而言,一致激活的区域只有顶下小叶。

值得注意的是,上述激活中,有的可能与其他认知过程有关,而与对欺骗行为的思考无关,比如遵循指示的要求。为了找出与有意欺骗密切相关的神经激活,研究者探索了 ID 和 SD 神经模式之间的差异。结果表明,ID 比 SD 更能激活认知控制脑区。对大脑功能连通性的分析表明,在腹外侧前额叶皮层中,ID 与 SD 条件下激活的脑区,其功能连通性剖面有部分重叠。由此可见,在 ID 和 SD 条件下,与欺骗相关的同一个认知控制机制被激活,因而腹外侧前额叶皮层被激活。但是,ID 需要额外的认知控制过程,这可能与其他任务需求相关。

聚类分析的结果揭示了与这些需求相关的可能神经模式。具体来说,由 ID 激活的大脑区域主要涉及背外侧前额叶皮层中特定的子网络,包括脑岛、后内侧额回(pMF)、中扣带皮层等。这个子网络只在 ID 过程中被发现,与涉及 SD 的神经激活模式的子网络不同,后者主要包括额中回、额下回、中央前回等。

在涉及潜在内部冲突的情况下,与有意欺骗相关的决策过程是明确的。也就是说,当个体根据指示行动(即欺骗)时,这些过程甚少存在;相反,当个体自发做出欺骗行为时,有意欺骗的决策过程就会出现。SD 条件下的神经模式分析显示,只在前扣带回后部和腹外侧前额叶皮层中存在一致性激活。功能解码分析(functional decoding analyses)显示,前扣带回后部激活与负性情绪和认知功能相关,与自发欺骗时的内部冲突一致。

四、讨论与启示

总的来说,上述研究发现了一个一直以来被忽略的问题,即有意欺骗过程中出现的与欺骗这一目的无关的认知过程。在 SD 条件下,研究所观察到的并不是传统意义上与调节或抑制机制相关的脑区(如背外侧前额叶皮层的激活,而是与意志和动机更密切相关的前扣带回后部区域的一致性激活。这表明,与认知控制相关的大脑区域的激活并不能充分证明个体做出的是有目的的行为,还需要有一个允许人们自愿选择行为方式的环境。这一发现,与其他领域(如司法领域)对欺骗行为的看法是一致的:在司法领域,起诉往往需要评估犯罪行为是否带有明确的犯罪意图。由此看来,对于作弊行为的神经机制的探究,不应止步于其与执行功能、认知控制的关系,更应从主观动机、意志等核心环节出发来进行研究。而在开展诚信教育的实践过程中,应重视对诚信动机的教育干预,如培养儿童的亲社会动机、自我价值感等,这也是降低作弊行为发生率的关键。

与此同时,上述研究结果也说明,对于诚信的人来说,作弊是需要认知控制的,但对于作弊者来说,做出诚信行为同样需要认知控制。特别是对于很少作弊的人,这些人往往因大脑难以适应做出作弊行为,可能需要更多的认知控制才能从不作弊转变为作弊;与之相反,对于频繁作弊的人来说,持续作弊可能并不需要太多的认知努力。因此,关注儿童自身的过去经历(如是否经常作弊,甚至是替代性经验)、行为趋向和人格特质,进行有针对性的引导与干预,也是降低作弊率的关键举措。

此外,从人的社会性本质角度出发,考虑自己的作弊行为可能带来的社会后果,特别是消极后果(例如,作弊是否会使他人受到伤害),是判断个体是否为有意作弊的核心。然而,由于很多行为研究和神经科学研究采用的是非社会范式,故这一社会维度常常被忽视。未来需要特别重视研究儿童亲社会性的发展及其与作弊行为发展之间的关系,相关结果将为探寻儿童早期诚信教育的新方法和新思路提供重要和有用的借鉴。

参考文献

白学军,2016.儿童发展.北京:高等教育出版社.

白学军,章鹏,张琪涵,等,2019.功能性近红外光谱技术在说谎研究中的应用.心理科学进展,27(1):160-170.

陈帼眉,冯晓霞,庞丽娟,2018.学前儿童发展心理学.北京:北京师范大学出版社.

陈璟,李红,2008.幼儿心理理论愿望信念理解与情绪理解关系研究.心理发展与教育,24(1):7-13.

陈琦,刘儒德,2009.当代教育心理学.北京:北京师范大学出版社.

崔茜,蒋军,杨文静,等,2013.欺骗的神经机制和测谎应用:来自fMRI研究的证据.心理科学进展,21(9):1629-1642.

邓赐平,桑标,缪小春,2002.幼儿心理理论发展的一般认知基础——不同心理理论任务表现的特异性与一致性.心理科学,25(5):531-534.

丁晓攀,2012.欺骗行为的发展及其社会认知神经机制.上海:华东师范大学.

范伟,钟毅平,傅小兰,2016.自我控制对欺骗的影响.心理科学进展,24(7):997-1008.

范伟,钟毅平,李慧云,等,2016.欺骗判断与欺骗行为中自我控制的影响.心理学报,48(7):845-856.

傅小兰,2016.情绪心理学.上海:华东师范大学出版社.

傅小兰,2018.说谎心理学.北京:中信出版社.

侯晓晖,岑国桢,2011.大学生作弊的研究现状与展望:心理学的视角.心理科学,34(6):1441-1447.

霍夫曼,2011.行动中的心理学.8版.苏彦捷,等,译.北京:中国人民大学出版社.

伯克,等,2014.伯克毕生发展心理学.从0岁到青少年.4版.陈会昌,等,译.北京:中国人民大学出版社.

乐国安,汪新建,2011.社会心理学理论与体系.北京:北京师范大学出版社.

李谷,周晖,丁如一,2013.道德自我调节对亲社会行为和违规行为的影响.心理学报,45(6):672-679.

李贺,莫雷,罗秋铃,等,2014.签名对个体诚实度和道德感的影响.心理学报,46(9):1347-1354.

李红,高雪梅,2007.幼儿心理学.北京:人民教育出版社.

李红,王永芝,2006.幼儿认知灵活性的发展及其言语能力的关系.心理科学,29(6):1306-1311.

林崇德,2020.21世纪学生发展核心素养研究.北京:北京师范大学出版社.

林崇德,2019.发展心理学.2版.杭州:浙江教育出版社.

林崇德,2013.教育与发展.北京:北京师范大学出版社.

刘秀丽,2005.学前儿童心理理论及欺骗发展的关系研究.心理发展与教育,

21(4):13-18.

刘秀丽,车文博,2006.学前儿童欺骗及欺骗策略发展的研究.心理发展与教育,22(4):1-7.

刘彦硕,傅根跃,袁方,2013.干扰任务对说谎影响的研究.心理科学,36(1):57-60.

陆慧菁,2012.自我欺骗:通过欺骗自己更好地欺骗他人.心理学报,44(9):1265-1278.

哈恩,约翰逊,2018.人类发展的认知神经科学.刘一,李红,译.杭州:浙江教育出版社.

莫雷,2007.教育心理学.北京:教育科学出版社.

德拉霍克,2021.超越行为:运用脑科学理解与解决儿童行为问题.雷秀雅,刘岚,译.北京:中国轻工业出版社.

欧红蕾,孙炳海,张文海,等,2020.勿以恶小而为之:滑坡效应的心理机制及预防策略.心理科学进展,28(4):650-660.

彭丽云,羊虹,2013.游戏与学前儿童发展.南京:东南大学出版社.

桑标,席居哲,左志宏,等,2011.心理弹性儿童的心理理论.心理科学,34(3):581-587.

史冰,苏彦捷,2007.儿童面对不同对象的欺骗表现及其相关的社会性特点.心理学报,39(1):111-117.

舒首立,桑青松,郭永玉,等,2018.作弊为什么会传染?:社会损失和作弊态度的中介作用.心理发展与教育,34(6):664-671.

孙世月,罗跃嘉,2008.欺骗任务中结果评价的 FN 效应.心理学报,40(6):

693-700.

孙文金,2020.学前儿童违规行为及其影响因素研究.杭州:杭州师范大学.

王玲凤,傅根跃,2007.小学儿童的道德行为及其与道德观念的相关:诚实原则和集体主义价值观冲突情境下的研究.心理发展与教育,23(4):15-21.

文书锋,汤冬玲,俞国良,2009.情绪调节自我效能感的应用研究.心理科学,32(3):1671-6981.

达蒙,莱纳,2015.儿童心理学手册.6版.林崇德,李其维,董奇,译.上海:华东师范大学出版社.

达蒙,2020.儿童道德心理学.秦红梅,译.上海:上海社会科学院出版社.

徐芬,王卫星,张文静,2015.幼儿说谎行为的特点及其与心理理论水平的关系.心理学报,37(1):73-78.

杨继平,王兴超,陆丽君,等,2010.道德推脱与大学生学术欺骗行为的关系研究.心理发展与教育,26(4):364-370.

杨蕊萍,2018.抵制诱惑范式下儿童说谎行为的影响因素初探.金华:浙江师范大学.

易晓明,2021.高校新生的违规被罚预期、违规后果恐惧感及其对旷课和作弊预期的影响.中国临床心理学杂志,29(3):572-576.

俞国良,2021.心理健康教育学科融合研究.北京:北京师范大学出版社.

俞国良,赵军燕,2009.自我意识情绪:聚焦于自我的道德情绪研究.心理发展与教育,25(2):116-120.

张亭玉,张雨青,2008.说谎行为及其识别的心理学研究.心理科学进展,16

（4）：651-660.

张芮，2019.小学生学业不诚信行为及其影响因素研究.杭州：杭州师范大学.

张丽锦，吴南，2010.4、5岁儿童一般语言能力和心理理论关系的纵向研究.
心理学报，42（12）：1166-1174.

朱智贤，林崇德，2003.思维发展心理学.北京：北京师范大学出版社.

Abe N，Okuda J，Suzuki M，et al.，2008. Neural correlates of true memory，false memory，and deception. *Cerebral Cortex*，18（12），2811-2819.

Aboud F E，2003. The formation of in-group favoritism and out-group prejudice in young children：Are they distinct attitudes? *Developmental Psychology*，39（1）：48-60.

Akhtar N，2005. The robustness of learning through overhearing. *Developmental Science*，8（2）：199-209.

Akhtar N，Jipson J，Callanan M A，2001. Learning words through overhearing. *Child Development*，72（2）：416-430.

Alm J，Jackson B R，McKee M，2009. Getting the word out：Enforcement information dissemination and compliance behavior. *Journal of Public Economics*，93（3-4）：392-402.

Aloise-Young P A，1993. The development of self-presentation：Self-promotion in 6- to 10-year-old children. *Social Cognition*，11（2）：201.

Ames C，Archer J，1988. Achievement goals in the classroom：Students' learning strategies and motivation processes. *Journal of Educational*

Psychology，80（3）：260-270.

Anderman E M，Murdock T B，2007. *Psychology of Academic Cheating*. Boston：Elsevier Academic Press.

Anderson P，2002. Assessment and development of executive function（EF）during childhood. *Child Neuropsychology*，8（2）：71-82.

Annett J，1969. *Feedback and Human Behaviour*. Harmondsworth，Middlesex：Penguin Books.

Aron A R，Monsell S，Sahakian B J，et al. 2004. A componential analysis of task-switching deficits associated with lesions of left and right frontal cortex. *Brain*，127（7）：1561-1573.

Astington J W，1988a. Promises：Words or deeds? *First Language*，8（24）：259-270.

Astington J W，1988b. Children's understanding of the speech act of promising. *Journal of Child Language*，15（1）：157-173.

Astington J W，1988c. Children's production of commissive speech acts. *Journal of Child Language*，15（2）：411-423.

Au T K，Knightly L M，Jun S A，et al.，2002. Overhearing a language during childhood. *Psychological Science*，13（3）：238-243.

Austin J L，1962. *How to Do Things with Words*. New York：Oxford University Press.

Baillargeon R H，Zoccolillo M，Keenan K，et al.，2007. Gender differences in physical aggression: A prospective population-based survey of children before and after 2 years of age. *Developmental Psychology*, 43 (1): 13-26.

Bandura A, 1982. Self-efficacy mechanism in human agency. *American Psychologist*, 37(2): 122-147.

Bandura A, Freeman W H, Lightsey R, 1999. *Self-Efficacy: The Exercise of Control*. New York: W. H. Freeman.

Banerjee R, 2000. The development of an understanding of modesty. *British Journal of Developmental Psychology*, 18(4): 499-517.

Banerjee R, 2002. Audience effects on self-presentation in childhood. *Social Development*, 11(4): 487-507.

Baumeister R F, Bratslavsky E, Finkenauer C, et al, 2001. Bad is stronger than good. *Review of General Psychology*, 5(4), 323-370.

Becker G S, 1968. Crime and punishment: An economic approach. *The Journal of Political Economy*, 76(2): 169-217.

Benenson J F, Dweck C S, 1986. The development of trait explanations and self-evaluations in the academic and social domains. *Child Development*, 57(5): 1179-1187.

Bloom B S, 1964. *Stability and Change in Human Characteristics*. Hoboken: Wiley.

Boas D A, Elwell C E, Ferrari M, et al. , 2014. Twenty years of functional near-infrared spectroscopy: Introduction for the special issue. *Neuroimage*, 85(1): 1-5.

Bok S, 1978. *Lying: Moral Choice in Public and Private Life*. New York: Pantheon Books.

Brandes B, 1986. *Academic Honesty: A Special Study of California Student*. California: California State Department of Education, Bureau of Publications.

Brown E J, 1932. Knowledge of results as an incentive in schoolroom practice. *Journal of Educational Psychology*, 23(7): 532-552.

Brummelman E, Crocker J, Bushman B J, 2016. The praise paradox: When and why praise backfires in children with low self-esteem. *Child Development Perspectives*, 10(2): 111-115.

Bryan C J, Adams G S, Monin B, 2013. When cheating would make you a cheater: Implicating the self prevents unethical behavior. *Journal of Experimental Psychology: General*, 142(4): 1001-1005.

Bryan C J, Master A, Walton G M, 2014. "Helping" versus "being a helper": Invoking the self to increase helping in young children. *Child Development*, 85(5): 1836-1842.

Bucciol A, Piovesan M, 2011. Luck or cheating?: A field experiment on honesty with children. *Journal of Economic Psychology*, 32 (1): 73-78.

Bucciol A, Landini F, Piovesan M, 2013. Unethical behavior in the field: Demographic characteristics and beliefs of the cheater. *Journal of Economic Behavior and Organization*, 93(5): 248-257.

Burhans K K, Dweck C S, 1995. Helplessness in early childhood: The role of contingent worth. *Child Development*, 66(6): 1719-1738.

Burton R V, 1963. Generality of honesty reconsidered. *Psychological Review*, 70(6): 481-499.

Bussey K, 1999. Children's categorization and evaluation of different types of lies and truths. *Child Development*, 70(6): 1338-1347.

Bussey K, 2010. The role of promises for children's trustworthiness and honesty. In Rotenberg K J. *Interpersonal Trust during Childhood and Adolescence*. New York: Cambridge University Press.

Callaghan T C, 2000. Factors affecting children's graphic symbol use in the third year: Language, similarity, and iconicity. *Cognitive Development*, 15(2): 185-214.

Carlson S M, Moses L J, Hix H R, 1998. The role of inhibitory processes in young children's difficulties with deception and false belief. *Child Development*, 69(3): 672-691.

Chao R K, 1995. Chinese and European American cultural models of the self reflected in mothers' childrearing beliefs. *Ethos*, 23(3): 328-354.

Chen D, 2009. *Culture, Parent-child Conversation, and Children's*

Understanding of Emotions. Cambridge：Harvard University Press.

Cimpian A，Markman E M，2011. The generic/nongeneric distinction influences how children interpret new information about social others. *Child Development*，82(2)：471-492.

Cimpian A，Arce H M C，Markman E M，et al.，2007. Subtle linguistic cues affect children's motivation. *Psychological Science*，18（4）：314-316.

Christ S E，Van Essen D C，Watson J M，et al.，2009. The contributions of prefrontal cortex and executive control to deception：Evidence from activation likelihood estimate Mcta-Analyscs. *Cerebral Cortex*，79(7)：1557-1566.

Cizek G J，1999. *Cheating on Tests：How to Do It，Detect It，and Prevent It*. Londn：Routlodge.

Cole S，Dominick J K，Balcetis E，2021. Out of reach and under control：Distancing as a self-control strategy. *Personality and Social Psychology Bulletin*，47(6)：939-952.

Conners C K，1969. A teacher rating scale for use in drug studies with children. *American Journal of Psychiatry*，126(6)：884-888.

Day N E，Hudson D，Dobies P R，et al.，2011. Student or situation?：Personality and classroom context as predictors of attitudes about business school cheating. *Social Psychology of Education*，14（2）：

261-282.

DeLoache J S, Miller K F, Rosengren K S, 1997. The credible shrinking room: Very young children's performance with symbolic and nonsymbolic relations. *Psychological Science*, 8(4): 308-313.

Devlin-Scherer R, Devlin-Scherer W, Schaffer E, et al., 1985. The effects of developing teacher commitment to behavioral change. *The Journal of Classroom Interaction*, 21(2): 31-37.

Diamond A, Taylor C, 1996. Development of an aspect of executive control: Development of the abilities to remember what I said and to "Do as I say, not as I do". *Developmental Psychobiology*, 29(4): 315-334.

Diamond A, Barnett W S, Thomas J, et al., 2007. Preschool program improves cognitive control. *Science*, 318(5855): 1387-1388.

Dien D S F, 1974. Parental Machiavellianism and children's cheating in Japan. *Journal of Cross-Cultural Psychology*, 5(3): 259-270.

Ding X P, Omrin D S, Evans A D, et al., 2014. Elementary school children's cheating behavior and its cognitive correlates. *Journal of Experimental Child Psychology*, 121: 85-95.

Ding X, Sai Li, Fu G, et al., 2013. Neural correlates of spontaneous deception: A functional near-infrared spectroscopy (fnirs) study. *Neuropsychologia*, 51(4): 704-712.

Dix T，Ruble D N，Zambarano R J，1989. Mothers' implicit theories of discipline：Child effects，parent effects，and the attribution process. *Child Development*，60(6)：1373-1391.

DiYanni C，Kelemen D，2008. Using a bad tool with good intention：Young children's imitation of adults' questionable choices. *Journal of Experimental Child Psychology*，101(4)：241-261.

Dunbar R I M，1996. *Grooming，Gossip and the Evolution of Language*. Cambridge：Harvard University Press.

Eder D，Enke J L，1991. The structure of gossip：Opportunities and constraints on collective expression among adolescents. *American Sociological Review*，56(4)：494-508.

Ekstrom R B，French J W，Harman H H，et al.，1976. *Manual for Kit of Factor-Referenced Tests*. Princeton：Educational Testing Service.

Elliot A J，Dweck C S，2013. *Handbook of Competence and Motivation*. New York：Guilford Press.

Ely J J，Henderson，L，Wachsman Y，2013. Testing the effectiveness of the university honor code. *Academy of Educational Leadership Journal*，17(4)：95-104.

Engarhos P，Shohoudi A，Crossman A，et al.，2020. Learning through observing：Effects of modeling truth-and lie-telling on children's honesty. *Developmental Science*，23(1)：e12883.

Engelmann J M，Herrmann，E，Tomasello M，2012. Five-year olds，but not chimpanzees，attempt to manage their reputations. *PLoS One*，7 (10)：e48433.

Engelmann J M，Over H，Herrmann E，et al.，2013. Young children care more about their reputation with ingroup members and potential reciprocators. *Developmental Science*，16(6)：952-958.

Evans A D，Lee K，2010. Promising to tell the truth makes 8- to 16-year-olds more honest. *Behavioral Sciences & the Law*，28(6)：801-811.

Evans A D，Lee K，2011. Verbal deception from late childhood to middle adolescence and its relation to executive functioning skills. *Developmental Psychology*，47(4)：1108-1116.

Evans A D，Lee K，2022. Morality，deception，and lying. In Killen M，Smetana J. *Handbook of Moral Development*. 3rd ed. New York：Routledge.

Evans A D，O'Connor A M，Lee K，2018. Verbalizing a commitment reduces cheating in young children. *Social Development*，27（1）：87-94.

Evans E D，Craig D，1990. Adolescent cognitions for academic cheating as a function of grade level and achievement status. *Journal of Adolescent Research*，5(3)：325-345.

Feldman S E，Feldman M T，1967. Transition of sex differences in cheating. *Psychological Reports*，20(3)：957-958.

Festinger L，1954. A theory of social comparison processes. *Human Relations*，7(2)：117-140.

Fincham J M，Carter C S，Veen V V，et al.，2002. Neural mechanisms of planning：A computational analysis using event-related fMRI. *Proceedings of the National Academy of Sciences*，99(5)：3346-3351.

Floor P，Akhtar N，2010. Can 18-month-old infants learn words by listening in on conversations? *Infancy*，9(3)：327-339.

Foster E K，2004. Research on gossip：Taxonomy，methods，and future directions. *Review of General Psychology*，8(2)：78-99.

Franklyn-Stokes A，Newstead S E，1995. Undergraduate cheating：Who does what and why? *Studies in Higher Education*，20(2)：159-172.

Frick A，Newcombe N S，2015. Young children's perception of diagrammatic representations. *Spatial Cognition & Computation*，15(4)：227-245

Fu G，Evans A D，Xu F，et al.，2012. Young children can tell strategic lies after committing a transgression. *Journal of Experimental Child Psychology*，113(1)：147-158.

Fu G，Evans A D，Wang L，et al.，2008. Lying in the name of the collective good：A developmental study. *Developmental Science*，11(4)：495-503.

Fu G, Heyman G D, Qian M, et al. , 2016. Young children with a positive reputation to maintain are less likely to cheat. *Developmental Science*, 19(2): 275-283.

Gee C L, Heyman G D, 2007. Children's evaluation of other people's self-descriptions. *Social Development*, 16(4): 800-818.

Geller E S, Lehman G R, 1991. The buckle-up promise card: A versatile intervention for large-scale behavior change. *Journal of Applied Behavior Analysis*, 24(1): 91-94.

Gelman S A, Heyman G D, 1999. Carrot-eaters and creature-believers: The effects of lexicalization on children's inferences about social categories. *Psychological Science*, 10(6): 489-493.

Genereux R L, McLeod B A, 1995. Circumstances surrounding cheating: A questionnaire study of college students. *Research in Higher Education*, 36(6): 687-704.

German T P, Nichols S, 2003. Children's counterfactual inferences about long and short causal chains. *Developmental Science*,6(5): 514-523.

Getsie R L, Langer P, Glass G V, 1985. Meta-analysis of the effects of type and combination of feedback on children's discrimination learning. *Review of Educational Research*, 55(1): 9-22.

Gilbert M, 2013. *Joint Commitment: How We Make the Social World*. New York: Oxford University Press.

Gibson J J，1977. *The Theory of Affordances*. Hilldale：Erlbaum Associates.

Gottman J M，Mettetal G，1986. Speculations about social and affective development：Friendship and acquaintanceship through adolescence. In Gottman J M，Parker J G. *Conversations of Friends：Speculations on Affective Development*. New York：Cambridge University Press.

Graham M A，1994. Cheating at small colleges：An examination of student and faculty attitudes and behaviors. *Journal of College Student Development*，35(4)：255-60.

Green S P，2004. Cheating. *Law and Philosophy*，23(2)：137-185.

Gvirts H Z，Perlmutter R，2020. What guides us to neutrally and behaviorally align with anyone specific? A neurobiological model based on fNIRS hyperscanning studies. *The Neuroscientist*，26(2)：108-116.

Grinsted A，Moore J C，Jevrejeva S，2004. Application of the cross wavelet transform and wavelet coherence to geophysical time series. *Nonlinear Processes in Geophysics*，11(5/6)：561-566.

Haber S N，Knutson B，2010. The reward circuit：Linking primate anatomy and human imaging. *Neuropsychopharmacology*，35(1)：4-26.

Hall G S，1905. *Adolescence：Its Psychology and Its Relations to Physiology，Anthropology，Sociology，Sex，Crime，Religion and*

Education. New York: Appleton.

Hall G S, 1907. *Aspects of Child Life and Education*. New York: Appleton.

Harris P L, 1989. *Children and Emotion: The Development of Psychological Understanding*. New York: Basil Black well.

Harris P L, 2022. *Child Psychology in Twelve Questions*. New York: Oxford University Press.

Harris P L, Núntez M, 1996. Understanding of permission rules by preschool children. *Child Development*, 67(4): 1572-1591.

Hartshorne H, May M A, 1928. *Studies in the Nature of Character: Studies in Deceit*. New York: MacMillan.

Hechter M, 1990. The attainment of solidarity in intentional communities. *Rationality and Society*, 2(2): 142-155.

Hepach R, Vaish A, Tomasello M, 2013. Young children sympathize less in response to unjustified emotional distress. *Developmental Psychology*, 49(6): 1132-1138.

Hetherington E M, Feldman S E, 1964. College cheating as a function of subject and situational variables. *Journal of Educational Psychology*, 55(4): 212-218.

Heyman G D, Dweck C S, Cain K M, 1992. Young children's vulnerability to self-blame and helplessness: Relationship to beliefs about goodness.

Child Development，63（2）：401-415.

Heyman G D，Fu G，Lee K，2008. Reasoning about the disclosure of success and failure to friends among children in the United States and China. *Developmental Psychology*，44（4）：908-918.

Heyman G，Barner D，Heumann J，et al.，2014. Children's sensitivity to ulterior motives when evaluating prosocial behavior. *Cognitive Science*，38（4）：683-700.

Heyman G D，Compton B J，2006. Context sensitivity in children's reasoning about ability across the elementary school years. *Developmental Science*，9（6）：616-627.

Heyman G D，Gee C L，Giles J W，2003. Preschool children's reasoning about ability. *Child Development*，74（2）：516-534.

Heyman G D，Luu D H，Lee K，2009. Parenting by lying. *Journal of Moral Education*，38（3）：353-369.

Hill V，Pillow B H，2006. Children's understanding of reputations. *The Journal of Genetic Psychology*，167（2）：137-157.

Hollinger R C，Lanza-Kaduce L，1996. Academic dishonesty and the perceived effectiveness of countermeasures：An empirical survey of cheating at a major public university. *Journal of Student Affairs Research，and Practice*，33（4）：292-306.

Hongwanishkul D，Happancy K R，Lee W S C，et al.，2005. Assessment of hot and cool executive function in young children: Age-related changes and individual differences. *Developmental Neuropsychology*, 28(2): 617-644.

Houser B B, 1978. Cheating among elementary grade level students: An examination. *Journal of Instructional Psychology*, 5(3): 2.

Houser D, List J A, Piovesan M, et al., 2016. Dishonesty: From parents to children. *European Economic Review*, 82: 242-254.

Hussar K M, Harris P L, 2010. Children who choose not to eat meat: A study of early moral decision-making. *Social Development*, 19 (3): 627-641.

Hwang K K, 1987. Face and favor: The Chinese power game. *American Journal of Sociology*, 92(4): 944-974.

Ingram G P D, Bering J M, 2010. Children's tattling: The reporting of everyday norm violations in preschool settings. *Child Development*, 81 (3): 945-957.

Ito A, Abe N, Fujii T, et al., 2012. The contribution of the dorsolateral prefrontal cortex to the preparation for deception and truth-telling. *Brain Research*, 1464: 43-52.

Jensen-Campbell L A, Graziano W G, 2005. The two faces of temptation: Differing motives for self-control. *Merrill-Palmer Quarterly*, 51 (3): 287-314.

Juvonen J, Murdock T B, 1995. Grade-level differences in the social value of effort: Implications for self-presentation tactics of early adolescents. *Child Development*, 66(6): 1694-1705.

Kalénine S, Bonthoux F, 2008. Object manipulability affects children's and adults' conceptual processing. *Psychonomic Bulletin & Review*, 15 (3): 667-672.

Kalénine S, Bonthoux F, Borghi A M, 2009. How action and context priming influence categorization: A developmental study. *British Journal of Developmental Psychology*, 27(3): 717-730.

Kalish C W, Cornelius R, 2007. What is to be done? Children's ascriptions of conventional obligations. *Child Development*, 78(3): 859-878.

Kalish C, Weissman M, Bernstein D, 2000. Taking decisions seriously: Young children's understanding of conventional truth. *Child Development*, 71(5): 1289-1308.

Kamins M L, Dweck C S, 1999. Person versus process praise and criticism: Implications for contingent self-worth and coping. *Developmental Psychology*, 35(3): 835-847.

Kelly J A, Worell L, 1978. Personality characteristics, parent behaviors, and sex of subject in relation to cheating. *Journal of Research in Personality*, 12(2): 179-188.

Klinnert M D, Campos J J, Sorce J F, et al., 1983. Emotions as behavior regulators: Social referencing in infancy. In Plutchik R, Kellerman H. *Emotions in Early Development*. San Diego: Academic Press.

Kluger A N, DeNisi A, 1996. The effects of feedback interventions on performance: A historical review, a meta-analysis, and a preliminary feedback intervention theory. *Psychological Bulletin*, 119(2): 254-284.

Knowlton J Q, Hamerlynck L A, 1967. Perception of deviant behavior: A study of cheating. *Journal of Educational Psychology*, 58: 370-385.

Kochanska G, Aksan N, 2006. Children's conscience and self-regulation. *Journal of Personality*, 74(6): 1587-1618.

Kochanska G, Murray K, Jacques T Y, et al., 1996. Inhibitory control in young children and its role in emerging internalization. *Child Development*, 67(2): 490-507.

Kochanska G, Gross J N, Lin M-H, et al., 2002. Guilt in young children: Development, determinants, and relations with a broader system of standards. *Child Development*, 73(2): 461-482.

Kristal A S, Whillans A V, Bazerman M H, et al., 2020. Signing at the beginning versus at the end does not decrease dishonesty. *Proceedings of the National Academy of Sciences*, 117(13): 7103-7107.

Lagattuta K H, 2005. When you shouldn't do what you want to do: Young children's understanding of desires, rules, and emotions. *Child Development*, 76(3): 713-733.

Lake N，Lane S，Harris P L，1995．The expectation of guilt and resistance to temptation． *Early Development and Parenting*，4(2)：63-73．

Lane J D，Wellman H M，Gelman S A，2013．Informants' traits weigh heavily in young children's trust in testimony and in their epistemic inferences． *Child Development*，84(4)：1253-1268．

Lee K，2013．Little liars：Development of verbal deception in children． *Child Development Perspectives*，7(2)：91-96．

Lee K，Talwar V，McCarthy A，et al.，2014．Can classic moral stories promote honesty in children? *Psychological Science*，25(8)：1630-1636．

Leimgruber K L，Shaw A，Santos L R，et al.，2012．Young children are more generous when others are aware of their actions． *PloS One*，7(10)：e48292．

Levin I P，Hart S S，2003．Risk preferences in young children：Early evidence of individual differences in reaction to potential gains and losses． *Journal of Behavioral Decision Making*，16(5)：397-413．

Lewicki R J，1984．Lying and deception：A behavioral model．In Max H Bazerman，Roy J Lewicki．*Negotiation in Organizations*．Beverly Hills：Sage．

Lewis M，Alessandri S M，Sullivan M W，1992．Differences in shame and pride as a function of children's gender and task difficulty． *Child Development*，63(3)：630-638．

Lewis M，Stanger C，Sullivan M W，1989. Deception in 3-year-olds. *De-velopmental Psychology*，25(3)：439-443.

Li F，Zhu H，Gao Q，et al.，2015. Using functional near-infrared spectros-copy (fnirs) to detect the prefrontal cortical responses to deception un-der different motivations. *Biomedical Optics Express*，6（9）：3503-3514.

Li J，Wang L，Fischer K，2004. The organisation of Chinese shame con-cepts? *Cognition and Emotion*，18(6)：767-797.

Li Q G，Heyman G D，Xu F，et al.，2014. Young children's use of honesty as a basis for selective trust. *Journal of Experimental Child Psychol-ogy*，117：59-72.

Li F，Zhu H，Xu J，et al.，2018. Lie detection using fNIRS monitoring of inhibition-related brain regions discriminates infrequent but not fre-quent liars. *Frontiers in Human Neuroscience*，12：1-17.

Lin C Y C，Fu V R，1990. A comparison of child-rearing practices among Chinese，immigrant Chinese，and Caucasian-American parents. *Child Development*，61(2)：429-433.

Lin X A，Wang C，Zhou J，et al.，2021. Neural correlates of spontaneous deception in a non-competitive interpersonal scenario：A functional near-infrared spectroscopy （fNIRS） study. *Brain and Cognition*，150：105704.

Lyon T D, Evans A D, 2014. Young children's understanding that promising guarantees performance: The effects of age and maltreatment. *Law and Human Behavior*, 38(2): 162-170.

Lyon T D, Malloy L C, Quas J A, et al., 2008. Coaching, truth induction, and young maltreated children's false allegations and false denials. *Child Development*, 79(4): 914-929.

Malti T, Gummerum M, Keller M, et al., 2009. Children's moral motivation, sympathy, and prosocial behavior. *Child Development*, 80(2): 442-460.

Malti T, Krettenauer T, 2013. The relation of moral emotion attributions to prosocial and antisocial behavior: A meta-analysis. *Child Development*, 84(2): 397-412.

Mazar N, Amir O, Ariely D, 2008. The dishonesty of honest people: A theory of self-concept maintenance. *Journal of Marketing Research*, 45(6): 633-644.

Mead N L, Baumeister R F, Gino F, et al., 2009. Too tired to tell the truth: Self-control resource depletion and dishonesty. *Journal of Experimental Social Psychology*, 45(3): 594-597.

Meltzoff A N, 1995. Understanding the intentions of others: Reenactment of intended acts by 18-month-old children. *Developmental Psychology*, 31(5): 838-850.

Miller A D，Murdock T B，Anderman E M，et al.，2007．Who are all these cheaters：Characteristics of academically dishonest students．In Anderman E M，Murdock T B. *Psychology of Academic Cheating*. Cambridge：Academic Press．

Miller S A，2009．Children's understanding of second-order mental states. *Psychological Bulletin*，135(5)：749-773．

Morris W N，Nemcek D，1982．The development of social comparison motivation among preschoolers：Evidence of a stepwise progression. *Merrill-Palmer Quarterly*，28(3)：413-425．

Mueller C M，Dweck C S，1998．Praise for intelligence can undermine children's motivation and performance. *Journal of Personality and Social Psychology*，75(1)：33-52．

Murdock T B，Anderman E M，2006．Motivational perspectives on student cheating：toward an integrated model of academic dishonesty. *Educational Psychologist*，41(3)：129-145．

Nee D E，Wager T D，Jonides J，2007．Interference resolution：Insights from a meta-analysis of neuroimaging tasks. *Cognitive，Affective & Behavioral Neuroscience*，7(1)：1-17．

Nettle D，Harper Z，Kidson A，et al.，2013．The watching eyes effect in the dictator game：It's not how much you give，it's being seen to give something. *Evolution and Human Behavior*，34(1)：35-40．

Nicholls J G，1978．The development of the concepts of effort and ability，perception of academic attainment，and the understanding that difficult tasks require more ability. *Child Development*，49(3)：800-814．

Nicholls J G，Miller A T，1983．The differentiation of the concepts of difficulty and ability. *Child Development*，54(4)，951-959．

Nowell C，Laufer D，1997．Undergraduate student cheating in the fields of business and economics. *The Journal of Economic Education*，28(1)：3-12．

Nucci L P，Narvaez D，2008．*Handbook of Moral and Character Education*．New York：Routledge．

Nunner-Winkler G，Sodian B，1988．Children's understanding of moral e-motions. *Child Development*，59(5)：1323-1338．

Oda R，Kato Y，Hiraishi K，2015．The watching-eye effect on prosocial lying. *Evolutionary Psychology*，13(3)：1-5．

Oda R，Niwa Y，Honma A，et al.，2011．An eye-like painting enhances the expectation of a good reputation. *Evolution and Human Behavior*，32(3)：166-171．

Olson D R，2007．Self-ascription of intention：responsibility，obligation and self-control. *Synthese*，159(2)：297-314．

Oshima-Takane Y，Goodz E，Derevensky J L，1996．Birth order effects on early language development：Do secondborn children learn from overheard speech? *Child Development*, 67(2): 621-634.

Painter J E, Wansink B, Hieggelke J B, 2002. How visibility and convenience influence candy consumption. *Appetite*, 38(3): 237-238.

Peterson C C, Peterson J L, Seeto D, 1983. Developmental changes in ideas about lying. *Child Development*, 54(6): 1529-1535.

Peterson C C, Wellman H M, Liu D, 2005. Steps in theory-of-mind development for children with deafness or autism. *Child Development*, 76(2): 502-517.

Phillips B, Seston R, Kelemen D, 2012. Learning about tool categories via eavesdropping. *Child Development*, 83(6): 2057-2072.

Piazza J, Bering J M, Ingram G, 2011. Princess Alice is watching you: Children's belief in an invisible person inhibits cheating. *Journal of Experimental Child Psychology*, 109(3): 311-320.

Pinti P, Aichelburg C, Gilbert S, et al., 2018. A review on the use of wearable functional near-infrared spectroscopy in naturalistic environments. *Japanese Psychological Research*, 60(4): 347-373.

Pittarello A, Leib M, Gordon-Hecker T, et al., 2015. Justifications shape ethical blind spots. *Psychological Science*, 26(6): 794-804.

Polak A, Harris P L, 1999. Deception by young children following noncompliance. *Developmental Psychology*, 35(2): 561-568.

Prinzie P, Onghena P, Hellinckx W, et al., 2004. Parent and child personality characteristics as predictors of negative discipline and externalizing problem behaviour in children. *European Journal of Personality*, 18 (2): 73-102.

Repacholi B M, Meltzoff A N, 2007. Emotional eavesdropping: Infants selectively respond to indirect emotional signals. *Child Development*, 78 (2): 503-521.

Robbins C A, Martin S S, 1993. Gender, styles of deviance, and drinking problems. *Journal of Health and Social Behavior*, 34(4): 302-321.

Ross H S, Smith J, Spielmacher C, et al., 2004. Shading the truth: Self-serving biases in children's reports of sibling conflicts. *Merrill-Palmer Quarterly*, 50(1): 61-85.

Rozin P, Scott S, Dingley M, et al., 2011. Nudge to nobesity I: Minor changes in accessibility decrease food intake. *Judgment and Decision Making*, 6(4): 323-332.

Sai L, Bellucci G, Wang C, et al., 2021. Neural mechanisms of deliberate dishonesty: Dissociating deliberation from other control processes during dishonest behaviors. *Proceedings of the National Academy of Sciences of the United States of America*, 118(43): e2109208118.

Schilbach L, Timmermans B, Reddy V, et al., 2013. Toward a second-person neuroscience. *Behavioral and Brain Sciences*, 36(4): 393-414.

Schlottmann A, Tring J, 2005. How children reason about gains and losses: Framing effects in judgement and choice. *Swiss Journal of Psychology*, 64(3): 153-171.

Schraw G, Olafson L, Kuch F, et al., 2007. Interest and academic cheating. In Anderma E M, Murdock T B. *Psychology of Academic Cheating*. San Diego: Academic Press.

Schunk D H, 1985. Self-efficacy and classroom learning. *Psychology in the Schools*, 22(2): 208-223.

Schunk D H, 1986. Verbalization and children's self-regulated learning. *Contemporary Educational Psychology*, 11(4): 347-369.

Schwartz S H, Feldman K A, Brown M E, et al., 1969. Some personality correlates of conduct in two situations of moral conflict1. *Journal of Personality*, 37(1): 41-57.

Shalvi S, Eldar O, Bereby-Meyer Y, 2012. Honesty requires time (and lack of justifications). *Psychological Science*, 23(10): 1264-1270.

Shamay-Tsoory S G, Saporta N, Marton-Alper I Z, et al., 2019. Herding brains: A core neural mechanism for social alignment. *Trends in Cognitive Sciences*, 23(3): 174-186.

Shaw A, Montinari N, Piovesan M, et al., 2014. Children develop a veil of fairness. *Journal of Experimental Psychology: General*, 143 (1): 363-375.

Simcock G, DeLoache J, 2006. Get the picture?: The effects of iconicity on toddlers' reenactment from picture books. *Developmental Psychology*, 42(6): 1352-1357.

Sip K E, Skewes J C, Marchant J L, et al., 2012. What if I get busted? deception, choice, and decision-making in social interaction. *Frontiers in Neuroscience*, 6: 1-10.

Smetana J G, Rote W M, Jambon M, et al., 2012. Developmental changes and individual differences in young children's moral judgments. *Child Development*, 83(2): 683-696.

Sorce J F, Emde R N, Campos J J, et al., 1985. Maternal emotional signaling: Its effect on the visual cliff behavior of 1-year-olds. *Developmental Psychology*, 21(1): 195-200.

Sparks A, Barcley P, 2013. Eye images increase generosity, but not for long: The limited effect of a false cue. *Evolution and Human Behavior*, 34(5): 317-322.

Speer S P, Smidts A, Boksem M A, 2022. Individual differences in (dis) honesty are represented in the brain's functional connectivity at rest. *NeuroImage*, 246(1): 1-13.

Stipek D, Iver D M, 1989. Developmental change in children's assessment of intellectual competence. *Child Development*, 60(3): 521-538.

Stipek D, Recchia S, McClintic S, et al., 1992. Self-evaluation in young children. *Monographs of the Society for Research in Child Develop-*

ment，57（1）：1-95.

Sullivan K J，Kantak S S，Burtner P A，2008．Motor learning in children：Feedback effects on skill acquisition．*Physical Therapy*，88（6）：720-732.

Talwar V，Lee K，2008．Social and cognitive correlates of children's lying behavior．*Child Development*，79（4）：866-881.

Talwar V，Lee K，Bala N，et al.，2002．Children's conceptual knowledge of lying and its relation to their actual behaviors：Implications for court competence examinations．*Law and Human Behavior*，26（4）：395-415.

Talwar V，Lee K，Bala N，et al.，2004．Children's lie-telling to conceal a parent's transgression：Legal implications．*Law and Human Behavior*，28（4）：411-435.

Tibbetts S G，1997．Gender differences in students' rational decisions to cheat．*Deviant Behavior*，18（4）：393-414.

Tibbetts S G，1999．Differences between women and men regarding decisions to commit test cheating．*Research in Higher Education*，40（3）：323-342.

Tibbetts S G，Herz D C，1996．Gender differences in factors of social control and rational choice．*Deviant Behavior*，17（2）：183-208.

Toglia M P，Schmuller J，Surprenant B G，et al.，2022．Novel approaches and cognitive neuroscience perspectives on false memory and deception. *Frontiers in Psychology*, 13: 721-961.

Tomasello M, Vaish A, 2013. Origins of human cooperation and morality. *Annual Review of Psychology*, 64(1): 231-255.

Vaish A, Carpenter M, Tomasello M, 2011. Young children's responses to guilt displays. *Developmental Psychology*, 47(5): 1248-1262.

Wansink B, Painter J E, Lee Y K, 2006. The office candy dish: Proximity's influence on estimated and actual consumption. *International Journal of Obesity*, 30(5): 871-875.

Watling D, Banerjee R, 2007. Children's understanding of modesty in front of peer and adult audiences. *Infant and Child Development*, 16(3): 227-236.

Welsh M C, Pennington B F, Groisser D B, 1991. A normative-developmental study of executive function: A window on prefrontal function in children. *Developmental Neuropsychology*, 7(2): 131-149.

Whitley B E, 1998. Factors associated with cheating among college students: A review. *Research in Higher Education*, 39(3): 235-274.

Wimmer H, Perner J, 1983. Beliefs about beliefs: Representation and constraining function of wrong beliefs in young children's understanding of deception. *Cognition*, 13(1): 103-128.

Woodward A L, Sommerville J A, 2000. Twelve-month-old infants interpret action in context. *Psychological Science*, 11(1): 73-77.

Wooldridge P, Richman C L, 1985. Teachers' choice of punishment as a function of a student's gender, age, race, and IQ level. *Journal of School Psychology*, 23(1): 19-29.

Xu F, Evans A D, Li C, et al., 2013. The role of honesty and benevolence in children's judgments of trustworthiness. *International Journal of Behavioral Development*, 37(3): 257-265.

Yu N, Wang T, He Y, 2016. Spatial subsystem of moral metaphors: A cognitive semantic study. *Metaphor and Symbol*, 31(4): 195-211.

Zahn-Waxler C, Radke-Yarrow M, King R A, 1979. Child rearing and children's prosocial initiations toward victims of distress. *Child Development*, 50(2): 319-330.

Zelazo P D, Carlson S M, Kesek A, 2008. *The Development of Executive Function in Childhood*. Cambridge: MIT Press.

Zentall S R, Morris B J, 2010. Good job, you're so smart: The effects of inconsistency of praise type on young children's motivation. *Journal of Experimental Child Psychology*, 107(2): 155-163.

Zhang M, Liu T, Pelowski M, et al., 2017. Gender difference in spontaneous deception: A hyperscanning study using functional near-infrared spectroscopy. *Scientific Reports*, 7(1): 1-13.

Zhao L, Chen L, Sun W, et al., 2019. Young children are more likely to cheat after overhearing that a classmate is smart. *Developmental Science*, 23(5): e12930.

Zhao L, Li Y, Qin W, et al., 2022. Overheard evaluative comments: Implications for beliefs about effort and ability. *Child Development*, 93 (6): 1889-1902.

Zhao L, Li Y, Sun W, et al., 2022. Hearing about a story character's negative emotional reaction to having been dishonest causes young children to cheat less. *Developmental Science*, 26(2): e13313.

Zhao L, Mao H, Compton B J, et al., 2022. Academic dishonesty and its relations to peer cheating and culture: A meta-analysis of the perceived peer cheating effect. *Educational Research Review*, 36(7): 100455.

Zhao L, Heyman G D, Chen L, et al. 2017. Praising young children for being smart promotes cheating. *Psychological Science*, 28(12): 1868-1870.

Zhao L, Heyman G D, Chen L, et al. 2018. Telling young children they have a reputation for being smart promotes cheating. *Developmental Science*, 21(3): e12585.

Zhao L, Peng J, Dong L D, et al., 2022. Effects of test difficulty messaging on academic cheating among middle school children. *Journal of Experimental Child Psychology*, 220: 105417.

Zhao L, Zheng J, Mao H, et al., 2021. Effects of trust and threat messaging on academic cheating：A field study. *Psychological Science*，32(5)：735-742.

Zhao L，Zheng Y，Compton B J，et al.，2022. Subtle alterations of the physical environment can nudge young children to cheat Less. *Developmental Science*，25(3)：1-11.

Zhao L，Zheng Y，Compton B J，et al.，2020. The moral barrier effect：Real and imagined barriers can reduce cheating. *Proceedings of the National Academy of Sciences*，117(32)：19101-19107.

Zhao L，Zheng Y，Mao H，et al.，2021. Using environmental nudges to reduce academic cheating in young children. *Developmental Science*，24(5)：1-8.